Adam Hamilton

Gegen die Angst

31 Lektionen der Hoffnung für unsichere Zeiten

Aus dem amerikanischen Englisch von Eva Weyandt

NEUFELD VERLAG

Aus dem amerikanischen Englisch übersetzt von Eva Weyandt, Berlin

Original edition published under the title: *Living Unafraid – A Daily Devotional: Lessons on Hope from 31 of the Bible's Most Loved Stories* © 2019 by Adam J. Hamilton.

MIX
Papier aus verantwortungsvollen Quellen
FSC
www.fsc.org
FSC® C083411

Die Deutsche Bibliothek verzeichnet diese Publikation in der Deutschen Nationalbibliografie; detaillierte bibliografische Daten sind im Internet über www.d-nb.de abrufbar.

Bibelzitate, soweit nicht anders angegeben, wurden der Hoffnung für Alle® (*Hope for All*) entnommen.
© 1983, 1996, 2002, 2009, 2015 by Biblica, Inc.®

Außerdem wurde aus der Bibel nach Martin Luthers Übersetzung, revidiert 2017, zitiert. © 2016 Deutsche Bibelgesellschaft, Stuttgart.

Umschlaggestaltung: spoon design, Olaf Johannson
Umschlagabbildungen: LittlePerfectStock, katatonia82/Shutterstock.com
Satz: Neufeld Verlag
Herstellung: CPI – Clausen & Bosse, Birkstraße 10, 25917 Leck

2. Auflage 2020

© 2020 Neufeld Verlag, Sauerbruchstraße 16, 27478 Cuxhaven
ISBN 978-3-86256-163-6, Bestell-Nummer 590 163

www.neufeld-verlag.de

Bleiben Sie auf dem Laufenden:
newsletter.neufeld-verlag.de
www.**facebook**.com/NeufeldVerlag
www.neufeld-verlag.de/**blog**

NEUFELD VERLAG

INHALT

EINFÜHRUNG

Unsere Fähigkeit, Angst zu erleben, ist ein Geschenk von Gott. Angst schützt uns vor Schaden, weil sie uns auf Gefahren oder Bedrohungen hinweist. Dieses „Warnsystem", häufig auch Kampf-oder-Flucht-Mechanismus genannt, ist immer aktiv. Und auch wenn es ein Geschenk sein kann, das uns rettet, wenn uns eine reale Gefahr droht, kann es dazu führen, dass wir uns eine Krise einbilden, wo es gar keine gibt, oder eine kleinere Bedrohung groß reden, sodass sie viel ernster und beängstigender auf uns wirkt, als sie tatsächlich ist. Wir sorgen uns um die Zukunft, um unsere Gesundheit, haben Angst, unsere Freunde und Familie zu enttäuschen. Wenn wir diese Ängste immer wieder in unseren Gedanken durchspielen, ohne eine Lösung zu finden, kann uns das in unserem Alltag einschränken oder daran hindern, Dinge zu tun, die unser Leben bereichern würden.

Andauernd bekommen wir Botschaften, die sich unsere Ängste zu Nutze machen. Politiker missbrauchen diese Ängste, um sich Unterstützung für ihre Kandidatur oder ihre Vorhaben zu sichern. Marketingfachleute setzen gezielt unsere Ängste ein, um ihre Produkte an den Mann zu bringen. In den Nachrichten wird rund um die Uhr über entsetzliche Ereignisse auf der ganzen Welt berichtet, selbst aus dem hintersten Winkel. Die sozialen Netzwerke verunsichern uns in Bezug auf unsere Beziehungen oder vermitteln uns die Angst, etwas zu verpassen, nicht zu genügen oder im Leben zu versagen.

In meinem Buch *Unafraid: Living with Courage and Hope in Uncertain Times* gehe ich detailliert darauf ein, warum wir die Dinge fürchten, die wir fürchten, und ich zeige Wege durch die Ängste und Sorgen, die viele von uns immer wieder erleben. Ich möchte den Leserinnen und Lesern des vorliegenden Andachtsbuches Mut machen, einen Blick in dieses frühere Buch zu werfen, um Ursachen ihrer Ängste zu erkennen und Techniken kennen zu lernen, die helfen, diese Ängste zu überwinden. Dort habe ich vier klassische Schritte aufgezeigt, mit denen wir unsere Ängste überwinden können:

- Stellen Sie sich Ihren Ängsten mit Hoffnung.
- Überlegen Sie, was genau Ihnen Angst macht.
- Gehen Sie Ihre Ängste mit beherztem Handeln an.
- Geben Sie Ihre Sorgen an Gott ab.

Lange bevor wir Menschen bei Therapeuten Hilfe fanden und Medikamente zur Bekämpfung unserer Ängste bekamen, fanden wir Frieden und Kraft in unserem Glauben. In der Bibel wird von den Erfahrungen und Gedanken jener berichtet, die darauf vertrauten, dass Gott bei ihnen war, die Gott um Hilfe baten und neue Hoffnung fassten in ihrer Not und in einigen äußerst bedrohlichen Situationen.

Dieses Buch mit seinen einunddreißig Andachten ist eine Ergänzung zu *Unafraid*. Es führt Sie durch viele beliebte Stellen der Bibel, geht den Geschichten von Menschen auf den Grund, die im Angesicht der Angst gelebt haben. Für die erste Andacht habe ich Psalm 23 gewählt. Daran schließt sich die Schöpfungsgeschichte im ersten Buch Mose an, und so geht es weiter bis zu den letzten Kapiteln der Offenbarung.

Angst ist ein Thema, das sich durch die ganze Bibel zieht. In der einen oder anderen Form begegnen wir diesem Wort mehr als vierhundert Mal. Mehr als einhundert Mal lesen wir in der Bibel: „Hab keine Angst“. Ich wünsche mir, dass Sie beim Lesen der Andachten Hoffnung, Frieden und Mut finden, indem Sie sich bewusst machen, dass Sie in Ihrer Angst nicht alleine sind; Gott ist bei Ihnen.

Diese täglichen Andachten sind bewusst kurz gehalten, und ich hoffe, dass Sie sie vielleicht bei einer Tasse Kaffee am Morgen lesen, oder wenn Sie abends zu Bett gehen. Ich bete, dass die Andachten Ihnen helfen, Ihre Sorgen an Gott abzugeben, und dass Sie dadurch Trost und Frieden finden.

Zum Schluss noch ein Wort zu den Begebenheiten aus meinem Alltag, die ich in diesen Andachten erzähle. Es sind Erlebnisse von Menschen aus meinem Bekanntenkreis oder von Menschen, die mir in meinem Dienst begegnet sind. Oft habe ich dabei ganz bewusst einige Details verändert, um die Identität der einzelnen Personen zu schützen. Bei einigen Beispielen habe ich die Erfahrungen mehrerer Personen, die ich in ähnlichen Situationen begleitet habe, zusammengefasst.

Adam Hamilton
Frühling 2019

TAG 1

FÜRCHTE ICH KEIN UNGLÜCK

Und ob ich schon wanderte im finstern Tal,
fürchte ich kein Unglück;
denn du bist bei mir, dein Stecken und Stab
trösten mich (Psalm 23,4; *Luther*).

Ich setzte mich an ihr Bett im Krankenhaus und nahm ihre Hand. Seit fast zwei Jahren kämpfte sie nun schon gegen den Krebs, und nun neigte sich ihre Reise dem Ende zu. Erstaunlich tapfer hatte sie ihre Behandlung ertragen. Doch jetzt zeigte sich Angst in ihren Gesichtszügen. Sie fragte mich: „Adam, liest du mir noch einmal den dreiundzwanzigsten Psalm vor?" Dieser Bitte kam ich gern nach, und ich machte ihr Mut, die Worte mitzusprechen:

> Der Herr *ist* mein Hirte, mir wird nichts mangeln.
> Er weidet mich auf einer grünen Aue
> und führet mich zum frischen Wasser.
> Er erquicket meine Seele.
> Er führet mich auf rechter Straße
> um seines Namens willen.

Ich spürte, wie sie jeden Satz in sich aufsog, während sie die Worte nachsprach. Sie stellte sich vor, dass Jesus an ihrer Seite stand und liebevoll über ihr wachte. Im Geist sah sie die grünen Wiesen und den kleinen See beim Haus ihrer Großeltern vor sich, an die sie so viele schöne Kindheitserinnerungen hatte.

Ich erzählte ihr von meiner letzten Reise ins Heilige Land. Einige Beduinen hatten mich eingeladen, sie zu begleiten. Sie wollten ihre Herden in die Wüste treiben. Unterwegs wunderte ich mich darüber, dass die Tiere nah bei den Hirten blieben. In diesem trockenen und öden Land führten die Hirten ihre Herde in Gebiete, wo es Nahrung und Wasser in Zisternen gab. Sie tränkten ihre Tiere mit sauberem Wasser. Und wenn ein Schaf auf Abwege geriet, holte die Stimme des Hirten es sofort wieder zurück.

„Ja, auch wenn ich *durchs finstere Tal* wandere, fürchte ich kein Unglück“, fuhr sie fort, *„denn du bist bei mir.“* Ihre Worte wurden langsamer, jedes einzelne voller Inbrunst, und die Angst wich aus ihrem Blick. „Du bist bei mir“, wiederholte sie.

Als wir die letzten Zeilen des Psalms beteten: „Gutes und Barmherzigkeit werden mir folgen mein Leben lang, und ich werde bleiben im Hause des Herrn immerdar“, erzählte die Frau, wie treffend diese Worte ihr Leben beschrieben. „Ich bin von Schmerz, Kummer und auch Leiden nicht verschont geblieben“, sagte sie, „aber in allem habe ich Gottes Güte und Barmherzigkeit erlebt.“ Als ich mich an diesem Tag von ihr verabschiedete, war ihre Angst verschwunden.

Seit fast dreitausend Jahren hat der Psalm 23 Menschen des Glaubens Trost und Frieden gebracht. Er stellt uns die vielen Segnungen in unserem Leben vor Augen, die Augenblicke, in denen unsere Herzen voll waren und wir in unserem Leben eine Fülle von Gutem erlebt haben. Und in Zeiten des Schmerzes, der Trauer und des Leidens erinnert er uns daran, dass Gott unser Hirte ist – dass er immer bei uns ist und dass wir deshalb keine Angst haben müssen.

Ich lade Sie ein, den Psalm laut zu lesen und ihn zu Ihrem Gebet für heute zu machen. Stellen Sie sich dabei vor, dass Gott Ihr Hirte ist und Sie sein Lamm sind, auf das er aufpasst, das er beschützt und für das er sorgt.

Der *Herr* ist mein Hirte, mir wird nichts mangeln.
Er weidet mich auf einer grünen Aue
und führet mich zum frischen Wasser.
Er erquicket meine Seele.
Er führet mich auf rechter Straße
um seines Namens willen.
Und ob ich schon wanderte im finstern Tal,
fürchte ich kein Unglück; denn du bist bei mir,
dein Stecken und Stab trösten mich.
Du bereitest vor mir einen Tisch
im Angesicht meiner Feinde.
Du salbest mein Haupt mit Öl und schenkest mir voll ein.
Gutes und Barmherzigkeit werden mir folgen
mein Leben lang,
und ich werde bleiben im Hause des Herrn immerdar.
(Psalm 23,1–6; *Luther*)

TAG 2

ERTAPPT

Am Abend, als ein frischer Wind aufkam, hörten sie [Adam und Eva], wie Gott, der Herr, im Garten umherging. Ängstlich versteckten sie sich vor ihm hinter den Bäumen. Aber Gott, der Herr, rief: „Adam, wo bist du?" Adam antwortete: „Ich hörte dich im Garten und hatte Angst, weil ich nackt bin. Darum habe ich mich versteckt" (1. Mose 3,8–10).

Maggie, unser von der ganzen Familie geliebter Beagle, war ein toller Hund, der fast achtzehn Jahre bei uns war. Wie die meisten Beagles hatte auch sie eine hervorragende Nase. In einem Jahr, kurz nach Halloween, brachte diese Nase sie in Schwierigkeiten. Meine Frau LaVon und ich kaufen für die Kinder, die an unserer Haustür klingeln, immer etwas mehr Süßigkeiten, als wir brauchen. Die Reste lassen wir uns dann in den folgenden Wochen selbst schmecken. (Erdnussbutter-Pralinen sind unsere absoluten Favoriten.) Nachdem an jenem Abend die letzten Kinder bei uns geklingelt hatten, stellten wir den Korb mit den Süßigkeiten in unserer Vorratskammer auf den zweiten Regalboden von unten.

Sie ahnen, was kommt, nicht? Als wir am folgenden Tag bei der Arbeit waren, schlich sich Maggie in die Vorratskammer und holte sich den Korb vom Regal. Am Abend, beim Nachhausekommen, fanden wir auf dem Fußboden eine Spur von Bonbonpapierchen.

Normalerweise begrüßte uns Maggie freudig an der Tür, aber nicht an diesem Tag. Da wir wussten, dass Schokolade für einen Hund tödlich sein kann, riefen wir: „Maggie!" Verzweifelt machten wir uns auf die Suche nach ihr. Uns quälte die Sorge, ihr könnte etwas zugestoßen sein. Schließlich bemerkten wir die Bonbonpapierchen im Schlafzimmer. Die Spur führte zum Bett. Wir schauten unter dem Bett nach, und tatsächlich, da lag sie und blickte uns schuldbewusst an. Den Schwanz hatte sie zwischen die Beine geklemmt. Natürlich wusste sie ganz genau, dass sie etwas getan hatte, das sie nicht durfte. Aber zum Glück schien sie nicht krank zu sein.

Dieses Erlebnis mit Maggie erinnert mich an die Geschichte, in der in der Bibel zum ersten Mal von Furcht die Rede ist. Bestimmt kennen Sie die Begebenheit. Gott erschuf Adam und Eva und gab ihnen den Garten Eden als Zuhause. Das war ein wundervoller Ort, lieblich und sicher, und es gab die herrlichsten Dinge zu sehen und zu essen. Nur eine Regel war einzuhalten: Esst nicht von dem Baum der Erkenntnis von Gut und Böse.

Aber Sie wissen ja, wie das ist – sagen Sie jemandem, er solle etwas nicht anrühren, und sofort bekommt er einen Heißhunger darauf. Und so redeten sich Adam und Eva mit der Hilfe der sprechenden Schlange ein, dass es durchaus in Ordnung sei, von der verbotenen Frucht zu essen. Sie pflückten sie und ließen sie sich schmecken. Und sofort wurde ihnen klar, dass sie einen Fehler gemacht hatten. Beschämt und voller Angst, ertappt zu werden, versuchten sie, sich vor Gott zu verstecken.

Dies ist nicht nur eine Geschichte von zwei Menschen, die vor vielen Jahrtausenden lebten. Dies ist unsere Geschichte. Jeder von uns hat schon das Flüstern der Schlange gehört, die uns lockt, etwas zu tun, von dem wir genau wissen, dass wir es nicht tun sollten. Und wenn wir der Versuchung nachgeben, folgt darauf normalerweise die Angst, ertappt zu werden.

Ich frage mich, ob Sie schon einmal Angst hatten, ertappt zu werden. Vielleicht weil Sie etwas getan haben, von dem Sie genau wussten, dass es falsch war; etwas, das lieber nicht herauskommen sollte, weil es sehr peinlich für Sie wäre. Seit dreißig Jahren arbeite ich nun schon als Pastor, und ich habe viele Bekenntnisse gehört. Viele Dinge kamen zur Sprache, für die sich die Ratsuchenden Gottes Vergebung wünschten, auch wenn sie nicht bereit waren, diese Dinge einem anderen gegenüber einzugestehen. Hier habe ich erlebt, wie zutreffend der Satz „Bekenntnis ist gut für die Seele“ doch ist. Wenn wir dann endlich den Mut finden, unser Unrecht einzugestehen, und versuchen, es wieder gut zu machen, fällt oft die Angst von uns ab, und Erleichterung breitet sich in uns aus.

In der Bibel lesen wir, dass Gott „reich ist an Barmherzigkeit“, und „seine Liebe grenzenlos ist“. Der Theologe Paul Tillich wählt andere Worte und schreibt, dass Vergebung „Gottes Antwort auf die Fragen ist, die unsere Existenz aufwirft“. Das markanteste Zeichen der Vergebung Gottes war das Kreuz, an dem Jesus hing, und an dem er betete: „Vater, vergib ihnen, denn sie wissen nicht, was sie tun.“

Gott kennt die Leichen in unserem Keller. Und Bekenntnis ist wirklich gut für die Seele. Wenn Sie Ihre Last und Sorgen vor Gott legen, lassen Sie sich trösten durch die Worte des Psalmisten:

> Er bestraft uns nicht, wie wir es verdienen; unsere Sünden und Verfehlungen zahlt er uns nicht heim.
> Denn so hoch, wie der Himmel über der Erde ist, so groß ist seine Liebe zu allen, die Ehrfurcht vor ihm haben.
> So fern, wie der Osten vom Westen liegt, so weit wirft Gott unsere Schuld von uns fort (Psalm 103,10–12).

Und Maggie? Sie hat ihr Gelage mit Erdnussbutter-Pralinen überlebt und seither keine Süßigkeiten mehr angerührt. (Aber natürlich geriet sie im Laufe ihres achtzehnjährigen Lebens in alle möglichen anderen Schwierigkeiten.) Sie hat immer Barmherzigkeit erfahren, genau wie wir.

Gott kennt uns durch und durch. Vor ihm können wir nichts verstecken. Aber Gott ist immer bereit, uns zu vergeben, viel mehr, als wir bereit sind, ihn um Vergebung zu bitten. Darum: Bitten Sie ihn um Vergebung.

Herr, ich kann mich nicht vor dir verstecken. Das haben auch Adam und Eva erlebt. Ich bitte dich, vergib mir, wo ich dem Flüstern der Schlange nachgegeben habe. Schenke mir den Mut, wiedergutzumachen, wo ich Schaden angerichtet habe. Wasche mich rein, erneuere mich. Schenke mir dein Erbarmen und deinen Frieden. Im Namen Jesu, Amen.

TAG 3

DIE ARCHE

Der Herr sah, dass die Menschen voller Bosheit waren. Jede Stunde, jeden Tag ihres Lebens hatten sie nur eines im Sinn: Böses planen, Böses tun. Der Herr war tieftraurig darüber und wünschte, er hätte die Menschen nie erschaffen. Da sprach Gott zu Noah: „Ich habe beschlossen, alles Leben auf der Erde zu vernichten, denn wo man auch hinsieht, herrscht Grausamkeit. Darum werde ich alles auslöschen! Bau dir ein Schiff, die Arche" (1. Mose 6,5–6.13–14a).

Kaum eine Geschichte der Bibel ist so bekannt wie die Geschichte von der Arche Noah. Gott ist tief betrübt darüber, dass die Menschen sich gegenseitig und auch der Erde so viel Böses und Gewalt antun. Er kann das nicht länger mit ansehen und will eine Flut nie dagewesenen Ausmaßes über die Erde kommen lassen, beinahe wie eine Taufe, die die Erde vom Bösen reinigt und einen Neuanfang möglich macht.

Doch ein Mensch unterscheidet sich von den anderen. Er ist gerecht, treu und ohne Sünde. Sein Name ist Noah. Gott will Noah, seine Familie und die Tiere retten. Er gibt ihm den Auftrag, eine Arche zu bauen – eine riesige schwimmende Kiste, etwa 137 Meter lang, 23 Meter breit und 14 Meter hoch (etwas mehr als halb so lang wie die *Titanic*). Die Flut kommt, das Wasser steigt an, und alles Leben auf dem Planeten wird vernichtet. Nur die Menschen und die Tiere in der Arche überleben. Weil Noah gehorsam war, bekamen die Menschen eine zweite Chance.

In dieser Geschichte finden wir einige Aspekte, die uns berühren: die Trauer Gottes über die Grausamkeit der Menschen; die Treue Noahs, obwohl Gottes Auftrag ihm sicher nicht sofort plausibel erschien; Gottes Versprechen, nie wieder eine Flut über die Erde kommen zu lassen, unabhängig vom Verhalten der Menschen. Aber die frühen Christen erkannten in der Geschichte Noahs noch etwas anderes. Für sie war die Arche ein Bild für die Gemeinde, eine Art Schiff, durch das Gott die Menschen schützte und rettete. Jesus war der Kapitän und lud die Gläubigen ein, in das Schiff zu kommen, das Wasser der Taufe zu durchschreiten und bei ihm Sicherheit und Ruhe vor dem Sturm zu finden. Diese Symbolik war sehr eindrücklich, und bis heute spricht man vom Kirchenschiff; dem Ort, wo die Gemeinde ihren Platz hat, abgeleitet von dem lateinischen Wort *navis*, das Schiff. (Das englische Wort *navy* ist ebenfalls von diesem lateinischen Wort hergeleitet.)

Und eines ist ganz wichtig: Wenn Schwierigkeiten kommen und die Flut in unserem Leben ansteigt, ist unser erster Impuls, allein damit fertig zu werden. Doch Gott hat uns die Gemeinde geschenkt. Durch die Gemeinschaft der Gläubigen möchte Gott uns tragen, zu uns reden und uns helfen.

Ein Ehepaar, das seine Tochter durch Selbstmord verloren hat, erzählte mir von seinem unendlich großen Schmerz. Doch in ihrer Trauer konnten sie die Anteilnahme und Hilfe der Mitglieder ihrer Kleingruppe in der Gemeinde erleben. Das hat sie durch diese schwere Zeit hindurchgetragen. Ein anderes Ehepaar fällt mir ein, dessen Sohn ich vor kurzem taufen durfte. Der kleine Junge war mit dem Down-Syndrom zur Welt gekommen. Dieser Junge und seine Familie fühlten sich in unserer Arbeitsgruppe für Kinder mit besonderen Bedürfnissen gut aufgehoben. Im gemeinsamen Singen und Beten und dem Hören auf das Wort Gottes erleben sie Trost und Hoffnung. In der Gemeinde findet jeder dieser Menschen eine Arche, die vor den Stürmen des Lebens schützt.

In jeder Gemeinde gibt es natürlich auch Dinge, die nicht so gut sind. Aber auch dafür ist die Arche ein passendes Bild. Bestimmt war die Arche, die Noah gebaut hat, kein Schmuckstück. Denn Noah war schließlich ein Weinbauer, kein Schiffsbauer. Und ich bin mir ziemlich sicher, dass die Besatzung – Noah, seine Frau und ihre Söhne und Schwiegertöchter – auch nicht vollkommen waren. (Tatsächlich ist es so, dass der fromme Noah später der erste Mann in der Bibel war, der sich bis zur Besinnungslosigkeit betrunken hat – und noch dazu nackt!) Frederick Buechner sagte einmal, die Gemeinde ist mit der Arche zu vergleichen, weil es darin manchmal „zum Himmel stinkt". Doch trotz ihrer Unzulänglichkeiten ist sie ein „Schiff, das sich über Wasser hält, und wie ein Leuchtturm im Dunkeln". Sie macht uns Hoffnung, dass wir den sicheren Hafen finden.

Gott wirkt durch die Menschen in unserer Umgebung. Durch sie spricht er zu uns und hilft uns. In Matthäus lesen wir: „Denn wo zwei oder drei in meinem Namen zusammenkommen, bin ich in ihrer Mitte" (Matthäus 18,20). Wir brauchen die Gemeinde, so wie Noah die Arche brauchte. Denn die Gemeinde ist das Rettungsboot, das Jesus uns geschenkt hat. In Gemeinschaft mit anderen Gläubigen, die uns unterstützen, verlieren unsere Ängste ihre Macht.

Haben Sie eine Gemeinde, in der Sie Trost, Hilfe und Begleitung finden können, wenn die Stürme des Lebens über Sie hereinbrechen?

Herr, hilf mir, Sicherheit in deinem Lebensboot, der Gemeinde, zu finden, wenn die Flut in meinem Leben steigt. Und wenn in meinem Leben alles gut ist, hilf mir, deinen Ruf zu hören, als Teil seiner Besatzung, um die zu retten, die von den Stürmen des Lebens hin und her geworfen werden. In Jesu Namen. Amen.

TAG 4

DIE HEIMAT VERLASSEN

Der Herr sagte zu Abram: „Geh fort aus deinem Land, verlass deine Heimat und deine Verwandtschaft und zieh in das Land, das ich dir zeigen werde! Ich werde dich zum Stammvater eines großen Volkes machen und dir viel Gutes tun; dein Name wird überall berühmt sein. Durch dich werden auch andere Menschen am Segen teilhaben. Wer dir Gutes wünscht, den werde ich segnen. Wer dir aber Böses wünscht, den werde ich verfluchen! Alle Völker der Erde sollen durch dich gesegnet werden." Abram gehorchte und machte sich auf den Weg (1. Mose 12,1–4a).

Abraham und Sarah führten in der Stadt Haran, im Südosten der heutigen Türkei, ein angenehmes Leben. Abraham war fünfundsiebzig Jahre alt, Sarah zehn Jahre jünger. Haran war eine florierende Stadt im Fruchtbaren Halbmond und lag an einer der wichtigsten Handelsrouten, die die Weltreiche des Ostens mit dem Mittelmeer und Ägypten verbanden.

Doch eines Tages spürte Abraham (oder Abram, wie er damals noch hieß), wie Gott zu ihm sagte: „Geh fort aus deinem Land, verlass deine Heimat und deine Verwandtschaft und zieh in das Land, das ich dir zeigen werde." Ich frage mich, wie Abraham wohl gespürt hat, dass Gott zu ihm redete. Hatte er eine reale Stimme gehört? Oder hat Gott zu ihm gesprochen, wie er üblicherweise zu uns spricht?

Bei vielen Gelegenheiten in meinem Leben habe ich gespürt, dass Gott mit mir geredet hat. Doch ich habe niemals eine reale Stimme gehört oder eine Vision gehabt. Als ich sechzehn war, kam eine Frau aus der Gemeinde auf mich zu und sagte: „Gott hat mir gesagt, dass du Pastor werden sollst." Als ich sie fragte, wie Gott ihr das mitgeteilt hätte, erwiderte sie: „Ich habe es in meinem Herzen gespürt." Ich antwortete ihr, ich hätte andere Pläne, trotzdem fühlte ich mich durch ihre Worte geehrt. Ein Jahr später, nachdem ich in einem Gottesdienst gesprochen hatte, spürte ich selbst in mir diese starke Überzeugung, dass ich Pastor werden sollte. Kurz bevor ich ans College ging, kamen mehrere Leute auf mich zu und meinten, mein Theologiestudium sei ein Fehler; ich könnte doch in der Wirtschaft, Politik oder Medizin Karriere machen. Aber ich konnte das Gefühl nicht abschütteln, den nagenden Gedanken, dass ich Pastor werden sollte.

Acht Jahre später erklärte mir der Bischof der Evangelisch-methodistischen Kirche in Missouri, er und der Bezirkssuperintendent hätten die Erkenntnis gewonnen, dass Gott mich berufen wolle, eine neue Gemeinde zu gründen. Und wieder hatten Menschen, die ich respektierte, jede Menge Argumente, warum ich mich nicht darauf einlassen sollte, warum die neue Gemeinde zum Scheitern verurteilt sei. Aber ich konnte den sehr beharrlichen Traum oder die tiefe Überzeugung, dass ich eine neue Gemeinde gründen sollte, nicht abschütteln.

Mit beiden Entscheidungen war ein Risiko verbunden. Bei keiner hatte ich die Garantie, dass das tatsächlich der Wille Gottes war, aber ich glaubte, genau das tun zu müssen. Vielleicht hatten ja auch die anderen recht, die mir abrieten. Und bei beiden Entscheidungen (und natürlich bei den unzähligen anderen, kleineren Entscheidungen, die ich im Laufe meines

Lebens getroffen habe) musste ich Opfer bringen. Sie bargen die durchaus realistische Möglichkeit des Scheiterns. Viele Ängste und Sorgen bedrängten mich. Aber wie froh bin ich heute, dass ich ja gesagt habe, und nicht nein.

Wenn Sie Abrahams Geschichte im ersten Buch Mose weiterlesen, werden Sie feststellen, dass er in Kanaan und später in Ägypten vor viele Herausforderungen gestellt wurde. Doch am Ende ist diese Geschichte überliefert, weil Abraham „Ja!" gesagt hat. Abraham und Sarah wurden gesegnet und durch sie auch alle Völker der Erde.

Die Herausforderung an uns Menschen heute ist, dass Gott *normalerweise* in einem Flüstern zu uns spricht und nicht laut und deutlich. Wir spüren, dass Gott uns zu etwas drängt, wenn wir etwas in der Bibel lesen, das in eine Lebenssituation hinein spricht, oder wenn wir eine Predigt oder ein Lied hören, die eine Saite in unserem Herzen anklingen lassen. Gott spricht auch zu uns, wenn wir beten oder meditieren, oder durch Freunde oder Angehörige. Aber das ist keine „Schrift an der Wand" oder eine hörbare Stimme, die jeden Zweifel in uns erstickt.

Darum suchen wir in der Bibel nach einer Antwort. Wir vertiefen uns in den Dienst und die Botschaft Jesu. Wir reden mit anderen und fragen sie um Rat und um ihre Meinung in Bezug auf das, was wir für den Ruf Gottes halten. Wir überprüfen die Botschaft oder den Ruf auch mit unserem menschlichen Verstand. Alle diese Faktoren helfen uns zu erkennen, ob die Gedanken von Gott kommen.

Doch am Ende des Tages war Abrahams Vision von dem verheißenen Land wohl kaum „vernünftig". Es schien sogar absolut unvernünftig, seine Frau und seinen ganzen Haushalt zu entwurzeln und mit ihnen in ein fremdes Land zu ziehen, ohne ein klares Ziel vor Augen zu haben, aufzubrechen in ein Land, in dem große Gefahren auf sie warten könnten. Trotzdem machten sich Abraham und Sarah auf den Weg.

Auch Sie stehen manchmal vor der Herausforderung, dass Sie, um diesem leisen Flüstern zu folgen, einen Glaubensschritt wagen und an einen Ort ziehen müssen, an dem Sie noch nie gewesen sind. Überprüfen Sie diesen Ruf, soweit es in Ihrer Macht steht, anhand der Bibel und versuchen Sie, mit der Hilfe von vertrauenswürdigen Freunden und Ihrem eigenen Verstand, Ihre Entscheidung zu treffen. Aber vergessen Sie nicht, dass wir manchmal den Auftrag haben aufzubrechen, auch wenn es keinen Sinn macht. Aber wenn Sie wirklich Gottes Ruf hören, werden Sie feststellen, dass Gott mit Ihnen geht, Sie segnet und Sie, wie bei Abraham und Sarah, zu einem Segen werden lässt.

Herr, hilf mir, auf das Drängen deines Geistes zu hören. Mach mir klar, ob es wirklich dein Ruf ist. Und hilf mir, dir zu vertrauen und deinem Ruf zu folgen, wohin auch immer du mich führen wirst.

TAG 5

RINGEN MIT GOTT

Dann betete er: „Herr, du Gott meines Großvaters Abraham und meines Vaters Isaak ... Bitte rette mich vor meinem Bruder Esau! Ich habe große Angst, dass er uns alle umbringt, die Frauen und auch die Kinder!“ ... Mitten in der Nacht stand Jakob auf und überquerte den Fluss Jabbok an einer seichten Stelle, zusammen mit seinen beiden Frauen, den beiden Mägden und den elf Kindern. Auch seinen Besitz brachte er auf die andere Seite. Nur er blieb noch allein zurück. Plötzlich stellte sich ihm ein Mann entgegen und kämpfte mit ihm bis zum Morgengrauen (1. Mose 32,10–12.23–25).

Wenn Sie ein Unrecht begangen haben, wenn Sie jemanden getäuscht oder ihm etwas Wertvolles weggenommen haben, dann wird irgendwann der Tag kommen, an dem Sie sich dem begangenen Unrecht stellen müssen. Die Angst vor diesem Tag, die ständige Sorge und Furcht, sind manchmal eine größere Strafe als die Konfrontation selbst.

Jakob und Esau waren Zwillinge, aber Esau war kurz vor Jakob zur Welt gekommen. Also war er der Erstgeborene, und das wiederum bedeutete, dass er das Erstgeburtsrecht hatte. Als ältestem Sohn stand Esau nach dem Tod seines Vaters der doppelte Anteil am Erbe zu, und er würde das Familienoberhaupt werden.

Aber Jakob war klüger und gerissener als sein Bruder, und außerdem der Liebling seiner Mutter. Sie zog ihn ihrem Erstgeborenen vor. Eines Tages erwischte Jakob Esau in einem schwachen Moment. Sein älterer Bruder hatte den ganzen Tag schwer gearbeitet und kam ausgehungert nach Hause. Jakob überredete ihn, ihm sein Erstgeburtsrecht für eine Schale Eintopf zu verkaufen. Aber die eigentliche List kam später, als Isaak, der Vater der Jungen, alt und schwach geworden war. Da sie wusste, dass Isaak nahezu blind war, überredete Jakobs Mutter ihn, sich für Esau auszugeben und seinem Bruder Isaaks Segen zu stehlen. Isaak legte die Hand auf Jakobs Kopf, ohne zu merken, wen er vor sich hatte, und gab dem jüngeren Sohn den Segen, der für den älteren bestimmt war. Jetzt war es offiziell. Das Erstgeburtsrecht würde an Jakob fallen.

Als Esau erfuhr, was geschehen war, zog er los, um seinen jüngeren Bruder zu töten. Jakob floh in ein fremdes Land. Dort lebte er viele Jahre, gründete eine Familie und vermehrte seinen Besitz. Doch irgendwann, das wusste Jakob, müsste er nach Kanaan zurückkehren, denn das war das Land der Verheißung. Und das bedeutete, dass er sich dem Mann würde stellen müssen, den er betrogen hatte, dem Bruder, der ihm nach dem Leben trachtete.

Haben Sie einem anderen Menschen schon mal etwas so Schlimmes angetan, dass Sie diesen Menschen am liebsten nie wieder gesehen hätten? Ich denke an eine Frau, die unter Alkoholeinfluss Auto gefahren war. Sie geriet auf die Gegenfahrbahn und raste frontal in ein anderes Fahrzeug hinein. Dabei kamen ein Vater und sein kleines Kind ums Leben. Ich denke an einen Mann, der seine Frau mit ihrer besten Freundin betrogen hatte. Oder an den Finanzberater, der seine Kunden um Hunderttausende Dollar geprellt hatte. Jeder von ihnen hatte anderen großen Schmerz zugefügt, und alle scheuten sich, den Menschen, denen sie Unrecht getan hatten, gegenüber zu treten.

Jakob hoffte, dass sich der Zorn seines Bruders mit den Jahren gelegt hätte. Aber je näher er seiner Heimat kam, desto größer wurde seine Angst. Er schickte einen Teil seiner Viehherden als Friedensgabe voraus, um Esau milde zu stimmen. Doch an dem Abend, bevor er Kanaan erreichte, wurde Jakobs Angst übermächtig. In tiefer Not schrie er zu Gott, und Gott kam zu ihm.

Die Geschichte aus 1. Mose 32,22–32 erscheint im hebräischen Urtext ein wenig mysteriös. Dort lesen wir, dass Jakob die ganze Nacht mit einem Mann kämpfte. Doch gegen Morgen, wenn nicht schon lange vorher, wird Jakob klar, dass er mit Gott ringt. Ich frage mich jedoch, ob Jakob nicht auch in gewisser Weise mit sich selbst kämpfte – mit dem Mann, der er gewesen war, und dem Mann, der er einmal sein würde.

Haben Sie schon einmal mit Gott gekämpft? Ich schon, nämlich dann, wenn ich mich gefragt habe, ob ich Gott enttäuscht hätte, oder wenn ich das Gefühl hatte, dass Gott mich enttäuscht hatte. Tief verletzt oder frustriert habe ich mich dann an Gott gewandt, manchmal flach auf dem Gesicht liegend in der Dunkelheit, und manchmal habe ich auf langen Spaziergängen Gott meine Fragen entgegen geschleudert. Habe ich in diesen Augenblicken mit Gott gekämpft? Oder ließ Gott mich gewähren, damit ich Dampf ablassen konnte, bis ich schließlich erkannte, dass ich eigentlich mit mir selbst kämpfte?

Lesen Sie die Psalmen, dann werden Sie feststellen, dass eine große Anzahl der Psalmen Klagepsalmen sind – Klagelieder, die die Gedanken der Psalmisten, die mit Gott gekämpft haben, in Worte fassen. Wenn wir unsere Fragen, Enttäuschungen oder Zweifel vor unserem Schöpfer ausbreiten, kann das viel bewirken. Solange wir kämpfen, halten wir an Gott fest. Wir fordern Gottes Segen ein, so wie Jakob es tat. Und überrascht und freudig werden wir am Ende feststellen, dass Gott uns sein Erbarmen und seine Gnade schenkt, wenn wir nicht loslassen.

Nach diesem nächtlichen Ringen mit Gott wachte Jakob am nächsten Morgen als veränderter Mensch auf. Und als er seinem Bruder schließlich gegenübertrat, empfing er ganz unerwartetes Erbarmen. Für ihn ganz überraschend, nahm Esau sein ehrliches Bekenntnis und seinen Versuch der Wiedergutmachung an.

Gibt es in Ihrem Leben jemanden, dem Sie Unrecht getan haben, den Sie noch aufsuchen müssen, um das geschehene Unrecht wieder gut zu machen? Vielleicht haben Sie Angst vor dem, was geschieht, wenn Sie das tun. Jakob hatte auch Angst und war deshalb gezwungen, mit dem Mann, der er gewesen war, mit dem Mann, der er werden würde, und dem Gott, dem er vertraute, zu kämpfen. Durch den Kampf fand Jakob den Mut und die Entschlossenheit, zu tun, was Gott von ihm erwartete.

Danke, dass du mir gestattest, mit dir zu ringen, wenn ich verwirrt, zornig oder einfach nur ängstlich bin. Hilf mir, an dir festzuhalten, den Segen zu suchen und mich nicht von dir abzuwenden. Hilf mir, um Vergebung zu bitten, und selbst Vergebung zu gewähren. Lege mir die Menschen aufs Herz, mit denen ich mich versöhnen muss, und führe mich, wenn ich mich um Wiedergutmachung bemühe. Amen.

TAG 6

VOM GEFANGENEN ZUM PREMIERMINISTER

Kaum hatte Josef sie erreicht, da entrissen sie ihm sein vornehmes Gewand und warfen ihn in den leeren Brunnenschacht. Dann setzten sie sich, um zu essen. Auf einmal bemerkten sie eine Karawane mit ismaelitischen Händlern. ... Sie kamen von Gilead und waren unterwegs nach Ägypten. Da sagte Juda: „Was haben wir davon, wenn wir unseren Bruder töten und den Mord an ihm verheimlichen? Nichts! Los, wir verkaufen ihn an die Ismaeliter“ (1. Mose 37,23–27).

[Jahre später sagten Josefs Brüder]: „Was ist, wenn Josef sich jetzt doch noch rächen will und uns alles Böse heimzahlt, was wir ihm angetan haben?“ ... Aber Josef erwiderte: „Habt keine Angst! Ich maße mir doch nicht an, euch an Gottes Stelle zu richten! Was er beschlossen hat, das steht fest! Ihr wolltet mir Böses tun, aber Gott hat Gutes daraus entstehen lassen. Durch meine hohe Stellung konnte ich vielen Menschen das Leben retten. Ihr braucht also nichts zu befürchten. Ich werde für euch und eure Familien sorgen“ (1. Mose 50,19–21a).

Josef war der elfte Sohn Israels (Jakobs), aber ganz anders als die meisten jüngeren Söhne zu der damaligen Zeit war er Israels Lieblingssohn. Das wurde eines Tages offensichtlich, als Jakob mit einem langen, wunderschönen Gewand nach Hause kam, das er für Josef hatte anfertigen lassen. Darüber ärgerten sich Josefs ältere Brüder.

Und dann träumte Josef, dass sich seine Brüder eines Tages vor ihm verneigen würden. Hier ein guter Rat: Sollten Sie jemals träumen, dass Ihre Geschwister sich eines Tages vor Ihnen verneigen werden, *behalten Sie das lieber für sich!*

Josef hatte diesen Rat nicht beherzigt. Und eines Tages, als er seine Brüder aufsuchte, die mit den Herden auf eine neue Weide gezogen waren, beschlossen sie, ihn umzubringen. Zuerst warfen sie ihn in eine ausgetrocknete Zisterne, um ihn dort sterben zu lassen. Doch dann hatten sie eine bessere Idee: Wir verkaufen ihn einfach an eine Karawane ismaelitischer Sklavenhändler!

Aber das war erst der Beginn von Josefs Leidenszeit. Die Sklavenhändler verkauften ihn an einen ägyptischen Beamten mit Namen Potiphar. Josef übte sich in Demut und strengte sich an, gute Arbeit für seinen Herrn zu leisten, aber Potiphars Frau fand Interesse an ihm. Als Josef ihre Avancen zurückwies, beschuldigte sie ihn der versuchten Vergewaltigung, und Josef kam ins Gefängnis. Josef war vom verwöhnten Lieblingssohn eines wohlhabenden Viehzüchters zu einem Sklaven abgestiegen, der in einem ägyptischen Gefängnis saß. Sein Leben hatte sich in einen Albtraum verwandelt.

Geschichten wie die von Josef geschehen auch in der heutigen Zeit. Einundzwanzig Jahre lang saß Darryl Burton im Staatsgefängnis von Missouri für einen Mord, den er nicht begangen hatte. Wichtige Beweise für seine Unschuld hatte die Staatsanwaltschaft zurückgehalten. Anfangs war er verbittert, zornig auf ein System, das ihn zu Unrecht verurteilt hatte. Aber eines Tages schrieb er einen Brief an Jesus mit folgenden Worten: „Jesus, wenn du tatsächlich da bist und mir hilfst, hier herauszukommen, werde ich dir nicht nur dienen, sondern der Welt von dir erzählen." Er begann für die zu beten, die gegen ihn ausgesagt hatten, und für die, die den Beweis für seine Unschuld bewusst zurückgehalten hatten. Ganz langsam verschwand seine Bitterkeit. An ihre Stelle traten Erbarmen und Mitgefühl.

Vielleicht haben Sie von Angehörigen oder Freunden Zurückweisung erfahren, Sie wurden verraten, schlecht behandelt oder irgendwelcher Dinge beschuldigt, die Sie nicht begangen haben. Vielleicht kennen Sie den Schmerz erfahrenen Unrechts, und vielleicht auch die Angst, dass Ihr Leben nie mehr besser werden wird – dass es Ihr Schicksal sein könnte, für immer zu leiden.

Bestimmt erlebte Josef in seinem ägyptischen Gefängnis Augenblicke der Angst, der Sorge und Verzweiflung. Bestimmt hat er wie der Psalmist geschrien: „Herr, wie lange wirst du mich noch vergessen?"

Trotzdem hielt er an seinem Vertrauen auf Gott fest und bemühte sich, „das Richtige" zu tun. Im ersten Buch Mose lesen wir: „Aber der Herr war auf Josefs Seite und sorgte dafür, dass der Gefängnisverwalter ihm wohlgesinnt war." Josef wurde die Aufsicht über seine Mitgefangenen übertragen, und seine Fähigkeit, Träume zu deuten, führte ihn am Ende vor den Pharao, dessen beunruhigende Träume niemand sonst auslegen konnte. Josef erklärte dem Pharao, seine Träume seien Warnungen vor einer bevorstehenden Hungersnot. Der Pharao holte Josef aus dem Gefängnis und übertrug ihm die Aufgabe, das Land auf die Hungersnot vorzubereiten und die Verteilung des Korns während der Hungersnot zu organisieren – eine Aufgabe, die mit der eines Premierministers gleichzusetzen war.

Eines Tages kamen Josefs Brüder aus dem Land Kanaan, wo die Hungersnot ebenfalls herrschte. Sie hatten kein Korn mehr und knieten vor dem Beamten des Pharaos nieder. Den Bruder, den sie viele Jahre zuvor in die Sklaverei verkauft hatten, erkannten sie nicht. Am Ende vergab Josef seinen Brüdern und rettete seine Familie und auch die Zukunft Israels, indem er sie nicht nur mit Korn versorgte, sondern dem Volk auch Land in der fruchtbaren Deltaregion Ägyptens zur Verfügung stellte.

Die Geschichte erreicht ihren Höhepunkt in den Worten Josefs: „Ihr wolltet mir Böses tun, aber Gott hat Gutes daraus entstehen lassen." So verfährt Gott mit den schmerzlichen Dingen in unserem Leben.

Darryl Burtons Fall wurde schließlich von den Gerichten noch einmal neu aufgerollt. Die Beweise, die im ersten Prozess zurückgehalten worden waren, wurden vorgelegt, und im Jahr 2008 wurde Darryl rehabilitiert und aus dem Gefängnis entlassen. Getreu seines Versprechens, das er Jesus in seinem Brief gegeben hatte, begann er ein Theologiestudium am Seminar und wurde zum evangelisch-methodistischen Pastor ordiniert. Jetzt arbeitet er als Gemeindepastor in unserer *Church of the Resurrection* und gründete erst vor kurzer Zeit das *Miracle of Innocence*, eine Arbeit für zu Unrecht verurteilte Gefangene. Darryl ist ein ganz bemerkenswerter Mensch. Er ist ein lebendes Beispiel dafür, dass Gott aus den schlimmen Dingen in unserem Leben etwas Gutes und Schönes entstehen lässt.*

Geben Sie nicht auf, wenn es in Ihrem Leben stetig nach unten geht. Das haben auch Josef und Darryl erlebt. Halten Sie durch, vertrauen Sie und tun Sie weiterhin, was richtig ist. Gott wird heilbringend eingreifen und Gutes aus Ihrem ungerechtfertigten Leiden entstehen lassen.

---

* Mehr über Darryl erfahren Sie unter darrylburton.org.

Herr, ich glaube, dass du Gutes aus dem Schmerz, den Widrigkeiten und Ungerechtigkeiten des Lebens entstehen lassen kannst. Hilf mir, dir in den schwierigen Zeiten zu vertrauen, weiterzumachen und das „Richtige" zu tun, auch wenn andere mir Unrecht tun. Ich bete, dass du aus den Nöten meiner Vergangenheit etwas Schönes und Erlösendes werden lässt. Amen.

TAG 7

SENDE DOCH LIEBER EINEN ANDEREN

Mose hütete damals die Schafe und Ziegen seines Schwiegervaters Jitro, des Priesters von Midian. Eines Tages trieb er die Herde von der Steppe hinauf in die Berge und kam zum Horeb, dem Berg Gottes. Dort erschien ihm der Engel des Herrn in einer Flamme, die aus einem Dornbusch schlug. ... Der Herr sah, dass Mose sich dem Feuer näherte, um es genauer zu betrachten. Da rief er ihm aus dem Busch zu: „Mose, Mose!“ „Ja, Herr“, antwortete er. [Gott sagte:] „Ich sende dich zum Pharao, denn du sollst mein Volk Israel aus Ägypten herausführen!“ ... Doch Mose bat: „Herr, sende doch lieber einen anderen“ (2. Mose 3,1–2.4.10; 4,13).

Haben Sie schon einmal Angst vor etwas gehabt? Vielleicht vor einer neuen Arbeitsstelle, einer einschneidenden beruflichen Veränderung oder einer ganz besonderen Herausforderung in der Schule? Vielleicht war es auch das Gefühl, dass Gott einen Dienst von Ihnen erwartet oder einen bestimmten Auftrag für Sie hat, zum Beispiel eine Missionsreise? Ich habe bei vielen Gelegenheiten Angst erlebt, wenn ich mich von Gott gerufen fühlte, oder einfach nur, wenn andere etwas an mich herantrugen, mit dem ich mich unwohl fühlte.

Mose wuchs in Ägypten auf; nach seiner Geburt kam es zur ersten Adoptionsgeschichte in der Bibel. Um sein Leben zu retten, gab seine Mutter ihn weg. Ein neues Zuhause fand er bei der Tochter des Pharaos, und so wuchs er als Prinz von Ägypten im Haus des Pharaos auf. Doch im Alter von vierzig Jahren tötete er einen ägyptischen Aufseher, der einen israelitischen Sklaven ausgepeitscht hatte, und musste aus Ägypten fliehen. Er erreichte die große Wüste Sinai. Dort heiratete er und hütete die Viehherden seines Schwiegervaters.

Hirten waren in Ägypten eher gering geachtet. Mose, der in der obersten Gesellschaftsschicht aufgewachsen war und gelebt hatte, gehörte nun zur untersten Schicht und musste hart für den Lebensunterhalt seiner Familie arbeiten. Gott erwählte mit Mose einen Mann, der ganz unten war, für eine wichtige Aufgabe, die weit reichende Folgen hatte und die Welt verändert hat. So ähnlich ist es ja auch bei Josef schon gewesen.

An jenem Tag hütete Mose seine Herde, als er einen brennenden Busch entdeckte. Doch der Busch verbrannte nicht. Mose sagte sich: „Das muss ich mir aus der Nähe ansehen" (2. Mose 3,3). Aufmerksamkeit ist eine wesentliche Eigenschaft für das geistliche Leben. Gott spricht zu uns häufig in einer Weise, die wir nur wahrnehmen können, wenn unsere Sinne geschärft sind. Wir sollen wachsam bleiben, neugierig sein, über Gottes Flüstern oder das Zusammenspiel von Ereignissen nachdenken.

Als Mose sich dem Busch nähert, um ihn sich genauer anzusehen, vertraut ihm Gott seine Sorge um die Israeliten an, die unter der ägyptischen Knechtschaft leiden. Und dann sagt Gott zu dem achtzigjährigen Mose: „Ich möchte, dass du nach Ägypten zurückkehrst, um mein Volk aus der Knechtschaft zu führen."

Der Ruf war eindeutig, aber Mose hatte Angst. Er war aus Ägypten geflohen, ein Flüchtling vor dem Gesetz. Wie konnte er zurückkehren? „Wer bin ich, dass ich das tun soll?", wandte er ein. „Ich bin ein achtzigjähriger Hirte."

Gott erwiderte: „Ja, aber ich werde bei dir sein."

„Aber was, wenn die Israeliten mich fragen, wer dieser Gott ist, der in einem brennenden Busch zu mir gekommen ist?"

„Sag ihnen: ‚Ich bin für euch da' hat mich zu euch gesandt – der Gott eurer Vorfahren, der Gott Abrahams, Isaaks und Jakobs."

„Aber was, wenn sie mir nicht glauben oder nicht auf mich hören?"

„Ich gebe dir einige Demonstrationen meiner Macht."

„Aber Herr, ich kann nicht gut sprechen – ich stottere."

„Ich werde dir helfen zu sprechen!"

Schließlich brach es aus Mose hervor: „Herr, sende doch lieber einen anderen!"

Ich liebe diese Geschichte! Wie oft melden sich unsere Ängste zu Wort, wenn wir das Gefühl haben, etwas tun zu sollen. Uns fallen eine ganze Reihe von Ausreden ein, warum wir dem Ruf nicht folgen können. Seltsamerweise gestattet uns Gott, unsere Argumente gegen seinen Auftrag vorzubringen. Wenn Mose an jenem Tag von dem brennenden Busch weggegangen wäre, voller Zufriedenheit, weil er mit guten Argumenten Gott nahe gelegt hatte, sich einen anderen für seinen Auftrag zu suchen, hätte er das einzigartige und größte Abenteuer seines Lebens verpasst – ein Abenteuer, bei dem Gott ihn gebrauchte, ein Volk zu befreien und eine Nation zu bilden.

Dasselbe gilt für die Aufgaben, die Gott für uns hat. Vielleicht die Mitarbeit in der Sonntagsschule, Engagement für die Hilfsbedürftigen in der Stadt, eine Rede in der Öffentlichkeit, ein Gespräch mit jemandem über den Glauben, der Kampf gegen eine Ungerechtigkeit, die Sie miterlebt haben, oder die Verteidigung einer Person, die schikaniert, drangsaliert oder gehänselt wird. Was immer es ist, zu dem Sie sich von Gott gedrängt fühlen, vermutlich haben Sie eine ganze Palette hervorragender Ausreden parat, warum Sie lieber die Finger davon lassen sollten. Es sind Ihre Ängste, die sich in Ihrem Kopf zu Wort melden.

Doch die größten Abenteuer und die bedeutsamsten Augenblicke in Ihrem Leben werden Sie erleben, wenn Sie dem Drängen Gottes, das Ihnen Angst macht, nachgeben. Wie bei Mose ist Gottes einfache Antwort auf Ihre Ängste: „Hab keine Angst; ich werde bei dir sein."

Herr, du weißt, wie oft ich mich von meinen Ängsten und Entschuldigungen davon habe abhalten lassen, Dinge zu tun, die du von mir wolltest. Hilf mir, aufmerksam zu sein und die brennenden Dornbüsche in meinem Leben wahrzunehmen. Und schenke mir den Mut, ja zu sagen, wenn ich eher nein sagen möchte. Ich bete in Jesu Namen. Amen.

TAG 8

SEI MUTIG UND STARK

„Denn ich bin bei dir, so wie ich bei Mose gewesen bin. Ich lasse dich nicht im Stich, nie wende ich mich von dir ab. Sei mutig und stark! Denn du wirst das Land einnehmen, das ich euren Vorfahren versprochen habe, und wirst es den Israeliten geben. Halte dich mutig und entschlossen an das ganze Gesetz, das dir mein Diener Mose gegeben hat. Weiche kein Stück davon ab! Dann wirst du bei allem, was du tust, Erfolg haben. ... Ja, ich sage es noch einmal: Sei mutig und entschlossen! Lass dich nicht einschüchtern und hab keine Angst! Denn ich, der Herr, dein Gott, stehe dir bei, wohin du auch gehst" (Josua 1,5–9).

In Josua 1,5 war Mose bereits tot, und die Führung des Volkes hatte sein Schützling Josua übernommen. Die Kinder Israel lagerten an der Ostseite des Jordans und hatten die schwer befestigte Stadt Jericho vor Augen. In den einleitenden Worten des Buches Josua ermahnt Gott Josua wiederholt: „Sei mutig und stark."

Josua sollte eine bunt zusammengewürfelte Truppe ehemaliger Sklaven und Hirten in den Krieg führen. Gott hatte ihrem Vorfahren Abraham versprochen, dass dieses Land eines Tages seinen Nachfahren gehören sollte. Aber als Josuas Blick über das Volk Israel hinweg zu der befestigten Stadt Jericho mit ihren dicken Stadtmauern wanderte, erschien ihm die Aussicht auf Erfolg doch sehr gering.

Viel früher in seinem Leben hatte Josua das Land Kanaan einmal als Späher erkundet und die mit Stadtmauern gesicherten Städte ausspioniert. Von den zwölf Spionen, die das Land ausgekundschaftet hatten, waren nur er und Kaleb fest davon überzeugt, dass die Israeliten es einnehmen könnten. Die anderen zehn Kundschafter meinten, es sei zwar ein blühendes Land und wunderschön, und außerdem sehr fruchtbar, Milch und Honig flössen darin, aber die Israeliten könnten es keinesfalls erobern, denn das Volk in dem Land sei viel größer und stärker als die Israeliten.

Seither waren fast vierzig Jahre vergangen, aber Josua hatte die Städte und die Männer von auffallend großer Statur nicht vergessen, die er gesehen hatte, als er sich in ihr Land geschlichen hatte. Würde er die Israeliten in den Tod führen, wenn sie den Jordan überquerten? Ganz gewiss würden einige von ihnen in der Schlacht ihr Leben lassen.

Vor einiger Zeit besuchte ich die Strände der Normandie, an denen im Juni 1944 die Truppen der Alliierten gelandet waren und die Nazis zum Rückzug gezwungen hatten. Als ich auf dem amerikanischen Friedhof in der Normandie stand, auf dem fast neuntausendvierhundert amerikanische Soldaten ihre letzte Ruhestätte gefunden hatten, musste ich unwillkürlich daran denken, welche Angst diese Männer wohl empfunden haben mochten, als sich ihre Landungsboote den Stränden näherten. Viele von ihnen waren noch so jung, gerade mal achtzehn oder neunzehn Jahre alt.

Einige fanden Kraft in ihrem Glauben, dass ihr Leben Gott gehörte, und dass der Tod nicht das letzte Wort haben würde. Joseph Vaghi Jr. gehörte zu ihnen. Er war Offizier und Katholik und betete mit den Männern in seinem Landungsboot das Vaterunser, bevor sie an Land gingen. In einem Interview mit der Zeitung *Catholic Standard* sagte er: „Als ich in der Normandie an Land ging, hatte ich überhaupt keine Angst, weil ich wusste, dass Gott auf mich aufpassen würde. Und wenn er mich bei sich haben wollte, dann wäre das eben so."*

Nicht jeder findet in sich solche Entschlossenheit in Augenblicken der Angst, darum brauchte Josua diese *Ermutigung* von Gott an jenem D-Day Israels in alter Zeit. Und der Mut und die Kraft, die Josua geschenkt bekam, inspirierten das Volk Gottes zum Sieg.

In meinem Buch *Unafraid* findet sich eine Definition von Mut, die mir sehr geholfen hat. Sie begegnet uns in den unterschiedlichsten Formulierungen, aber im Kern lauten die Worte:

> „Mut ist nicht die Abwesenheit von Angst,
> sondern die Bereitschaft,
> trotz der eigenen Ängste das Richtige zu tun."

Stehen Sie vor einem Kampf, dem Sie nicht ausweichen können, einem Kampf, den Sie führen sollen, weil Gott es so will, vor dem Sie aber ganz viel Angst haben? Wenn Gott Ihnen den Auftrag gegeben hat, wird er auch bei Ihnen sein. Das bedeutet nicht, dass der Kampf leicht sein wird. Auch Josua und das Volk Israel und die Landungstruppen in der Normandie haben erbittert kämpfen müssen. Aber Sie können sicher sein, dass Gott Sie festhält und nicht loslassen wird.

In Gottes „Ermutigung" für Josua, der die Israeliten in die Schlacht führen sollte, fordert er zwei Dinge: Josua sollte Gottes

---

* Jerry Costello, „A D-Day Hero Who Put His Trust in God", *Catholic Standard*, 5. Juni 2013, https:/cathstan.org/news/local/a-d-day-hero-who-put-his-trust-in-god.

Gebote halten und nicht vergessen, dass Gott immer bei ihm sein würde, wo immer er hingehen würde. „Weiche kein Stück davon ab. … Sei mutig und entschlossen! Lass dich nicht einschüchtern und hab keine Angst! Denn ich, der Herr, dein Gott, stehe dir bei, wohin du auch gehst."

Herr, so oft habe ich Angst. Hilf mir, in meiner Angst nicht von deinem Weg abzuirren, sondern jeden Tag bei dir zu bleiben. Hilf mir, Mut und Kraft in dem Wissen zu finden, dass du jetzt und immer bei mir bist. Amen.

TAG 9

ZWEI SIND BESSER ALS EINER

„Besteh nicht darauf, dass ich dich verlasse! Ich will mich nicht von dir trennen. Wo du hingehst, da will auch ich hingehen. Wo du bleibst, da bleibe ich auch. Dein Volk ist mein Volk, und dein Gott ist mein Gott. Wo du stirbst, will ich auch sterben und begraben werden. Nur der Tod kann mich von dir trennen; wenn ich dieses Versprechen nicht halte, soll der Herr mich hart bestrafen" (Ruth 1,16–17).

Viele Heldinnen und Helden der Bibel haben Tragödien erlebt. Die kurze Erzählung, die als Buch Ruth in die Bibel eingegangen ist – übrigens eines von nur zwei biblischen Büchern, die nach einer Frau benannt sind –, berichtet von einer solchen Geschichte.

Naomi, ihr Mann Elimelech und ihre zwei Söhne verlassen Bethlehem während einer Hungersnot. Sie ziehen nach Osten auf die andere Seite des Jordans, wo noch Korn wächst. Sie lassen sich in Moab nieder, und Naomis zwei Söhne heiraten moabitische Frauen. Aber kurz nachdem sie sich dort angesiedelt haben, stirbt Elimelech. Bald darauf sterben auch beide Söhne Naomis.

Der Verlust eines Ehemannes ist schon schlimm genug, aber dann auch noch beide Kinder zu verlieren? Ihr Schmerz war sicher so groß, dass Naomi ihn kaum ertragen konnte. Später würde Naomi ihren Namen in Mara ändern. Das bedeutet „bitter". Es ist gut nachvollziehbar, warum sie das getan hat. Die Bitterkeit ihres Lebens hinterließ automatisch auch eine Bitterkeit in ihrer Seele.

Naomi blieb keine andere Wahl, als in ihre Heimatstadt Bethlehem, von Moab aus gesehen am anderen Ufer des Jordans, zurückzukehren. Die Hungersnot war vorüber, und ihr Heimatland war wieder fruchtbar. Dort in Bethlehem besaß sie Land. Auch ihre Familie lebte dort. Ihre beiden Schwiegertöchter sollten ruhig in Moab bleiben und wieder heiraten, riet sie ihnen, und nach vielen Tränen und Umarmungen bereitete sie sich auf die Abreise vor.

Aber Ruth, eine ihrer Schwiegertöchter, ließ sich nicht davon abbringen, Naomi zu begleiten. Sie war fest entschlossen, ihre Heimat zu verlassen und in Israel für ihre Schwiegermutter zu sorgen. Hören Sie auf ihre Bitte. Das sind, wie ich finde, einige der schönsten und denkwürdigsten Worte der Bibel:

> „Besteh nicht darauf, dass ich dich verlasse! Ich will mich nicht von dir trennen. Wo du hingehst, da will auch ich hingehen. Wo du bleibst, da bleibe ich auch. Dein Volk ist mein Volk, und dein Gott ist mein Gott. Wo du stirbst, will ich auch sterben und begraben werden. Nur der Tod kann mich von dir trennen; wenn ich dieses Versprechen nicht halte, soll der Herr mich hart bestrafen" (1,16–17).

Was für eine Liebe! Sehr ungewöhnlich. Ruth wollte ihre eigenen Blutsverwandten zurücklassen und in ein Land ziehen, das ihr vollkommen fremd war. Welche Zukunft auch immer Naomi in ihrer Heimat erwarten würde, Ruth wollte sie mit ihr teilen.

In ihrem Heimatland wartete Armut auf Naomi und Ruth. Sie waren Witwen und hatten keinen Mann, der sie versorgte.

(In einer patriarchalischen Gesellschaft gehörte aller Besitz den Männern. Sie allein verwalteten das Vermögen.) Außerdem bestand die Gefahr sexueller Übergriffe, von der in Ruth 2,9 und 2,22 zu lesen ist, eine Gefahr ganz besonders für die jüngere Ruth. Die *#MeToo*-Bewegung der heutigen Zeit hat die Aufmerksamkeit der Welt auf das Problem der sexuellen Belästigung und Gewalt an vielen Arbeitsplätzen gelenkt. Das Buch Ruth erinnert uns daran, dass sexuelle Belästigung und Gewalt zu allen Zeiten ein trauriger Bestandteil des Lebens von Frauen in jeder Kultur, Nation und Religion gewesen ist. Das hat sich bis heute nicht geändert.

Ruth wusste vermutlich um diese Gefahr, trotzdem wollte sie mit Naomi in deren Heimatland ziehen. Wenn ich ihre Geschichte lese, fühle ich mich an die Stelle aus Prediger 4,9–12 erinnert:

> Zwei haben es besser als einer allein, denn zusammen können sie mehr erreichen. Stürzt einer von ihnen, dann hilft der andere ihm wieder auf die Beine. Doch wie schlecht steht es um den, der alleine ist, wenn er hinfällt! Niemand ist da, der ihm wieder aufhilft! Wenn zwei in der Kälte zusammenliegen, wärmt einer den anderen, doch wie soll einer allein warm werden? Einer kann leicht überwältigt werden, doch zwei sind dem Angriff gewachsen. Man sagt ja auch: „Ein Seil aus drei Schnüren reißt nicht so schnell!"

Freundschaft ist ganz wichtig, wenn Sie Ihr Leben mit Mut und Hoffnung angehen wollen. Bei einem schweren Schicksalsschlag ist unser erster Impuls vermutlich, uns zu verkriechen. Genau das wollte Naomi tun. Sie schickte ihre beiden Schwiegertöchter weg. Aber gerade in solchen Augenblicken ist es wichtig, dass wir andere in unser Leben lassen.

Jeder von uns gerät in seinem Leben einmal in Naomis Situation und braucht eine Ruth. Und jeder von uns sollte bereit sein, für einen anderen eine Ruth zu sein. In solchen Beziehungen stellen wir fest, dass wir unseren Kummer und unsere Trauer ertragen und erleben können, dass unsere Bitterkeit in Freude verwandelt wird.

Gibt es in Ihrem Bekanntenkreis jemanden, der gerade die Bitterkeit einer Naomi erlebt und Ihren Beistand braucht? Vielleicht stecken Sie aber auch gerade in Naomis Schuhen und haben Ihre Freunde, die für Sie da sein wollten, weggeschickt, wie Naomi es bei ihren Schwiegertöchtern tun wollte. Vielleicht sollten Sie zulassen, dass andere für Sie da sind und an Ihre Seite treten. Das wird nicht nur für Sie zum Segen werden, sondern auch für Ihre Freunde.

Herr, hilf mir, andere in mein Leben zu lassen, wenn ich Probleme habe, deprimiert bin oder mich allein fühle. Und hilf mir, auf jene zu achten, die mich vielleicht als ihre Ruth brauchen. Hilf mir, anderen ein treuer Freund zu werden. Amen.

TAG 10

DIE RIESEN IN IHREM LEBEN

Da trat aus dem Heer der Philister ein einzelner Soldat heraus: Goliat aus der Stadt Gat. Er war über drei Meter groß. Gerüstet war er mit einem Helm, einem schweren Schuppenpanzer und mit Beinschienen, alles aus Bronze. Dazu hatte er sich noch eine bronzene Lanze auf den Rücken geschnallt. Sein Brustpanzer wog 60 Kilogramm, sein Speer war so dick wie ein kleiner Baum, und allein die Eisenspitze des Speeres war über 7 Kilogramm schwer. Vor ihm her marschierte sein Schildträger mit einem riesigen Schild (1. Samuel 17,4–7).

Dies ist eine der großartigsten Geschichten der Bibel. Der junge Hirte David bringt mit seiner Steinschleuder den Riesen Goliat zu Fall. Diese Geschichte ist zu einem Sinnbild dafür geworden, dass auch scheinbar aussichtlose Fälle im Leben nicht unbedingt verloren sind, sondern dass sogar Riesen besiegt werden können.

Die Armee der Philister lagerte auf der einen Seite des Tales von Ela, das verzagte Häufchen der israelitischen Armee auf der anderen Seite. Dann betrat Goliat, der große Held der Philister, das Schlachtfeld. Wie er so dastand in seiner Waffenrüstung, war er wirklich furchteinflößend. Er begann die Israeliten zu verspotten, und ihre Reaktion war durchaus nachvollziehbar: „Als Saul und seine Soldaten das hörten, erschraken sie und bekamen große Angst."

Immer wieder mal kommt es vor, dass wir mit einem Riesen konfrontiert werden – mit einer scheinbar unlösbaren Situation, die uns schwer zu schaffen macht. Ein Bekannter von mir erlebte das auf dem Höhepunkt der großen Rezession, als seine Firma vor dem Ruin stand. Ein Ausweg war nicht in Sicht. Auch eine Insolvenz wäre kaum eine Hilfe gewesen. Und es war nicht nur der Verlust seiner Firma, der ihm zusetzte, sondern auch seine Scham, sein Versagen und der Verlust seiner Identität. Er hatte das Gefühl, dass seine Lage hoffnungslos war.

Wenn wir beängstigende oder beunruhigende Umstände erleben, neigen wir dazu, alles schwarz zu sehen. Anstatt allen Mut zusammenzunehmen, gehen wir vom Schlimmsten aus und sehen keinen Ausweg mehr. Wir hören die Diagnose „Krebs" und befürchten sofort, dass wir sterben werden. Wir verlieren unsere Arbeitsstelle und sind sicher, dass wir keine neue mehr finden werden. Was immer auch der Riese ist, der sich vor uns aufbaut, wir gehen davon aus, dass er uns besiegen wird.

David, zur Zeit seines größten Kampfes vermutlich ein Teenager, wusste nicht, dass Goliat unbesiegbar war. Vielmehr sagte er zu König Saul: „Von diesem Kerl müssen wir uns doch nicht einschüchtern lassen! Ich will gegen ihn kämpfen." Und erstaunlicherweise ließ Saul ihn gegen den Riesen antreten.

Goliat verspottete David. „Komm nur her", rief er, „Ich werde dein Fleisch den Geiern und den wilden Tieren zu fressen geben." Hören Sie Davids Antwort: „Du, Goliat, trittst gegen mich an mit Schwert, Lanze und Wurfspieß. Ich aber komme mit der Hilfe des Herrn. Er ist der Herr, der allmächtige Gott." Und als der Riese näher kam, nahm David einen glatten Stein aus seiner Tasche, legte ihn in seine Schleuder und zielte auf den

Riesen. Ein Volltreffer, genau in die Mitte von Goliats Stirn, und der Riese stürzte zu Boden. David, der nicht einmal ein Schwert bei sich hatte, zog Goliats Schwert aus der Scheide und schlug ihm damit den Kopf ab!

Zwei Dinge sollten wir aus dieser Geschichte in Erinnerung behalten: Erstens, während alle Israeliten vor Furcht zitterten und zweifellos inbrünstig zu Gott beteten, betrat David das Schlachtfeld im Glauben an Gott. Er setzte das Motto des heiligen Benedikts um: *Ora et labora*, „bete und arbeite".

Angst soll uns zum Handeln bewegen. Wenn wir nicht aktiv werden, hängen wir in der Kampf-oder-Flucht-Reaktion fest, und die Angst in uns baut sich immer mehr auf. Wir steigern uns in diese Angst hinein, fixieren uns darauf und lassen uns von ihr lähmen.

Wir sind aufgefordert, zu beten *und* dann zu handeln. Aber handeln müssen wir in dem festen Glauben, dass der „Herr, der allmächtige Gott" uns zur Seite steht, und dass er in der Lage ist, „einen Weg zu bereiten, wo kein Weg zu sein scheint". Vor welcher Situation auch immer Sie stehen, machen Sie sich bewusst, dass es bei Gott kein Unmöglich gibt. Er hat sogar den Tod besiegt.

Erinnern Sie sich noch an den Geschäftsmann, den ich anfangs erwähnt hatte? Zwei Jahre lang hat er gekämpft, in tiefer Verzweiflung, und sich gefragt, ob der Riese des wirtschaftlichen Ruins ihn wohl vernichten würde. Aber trotz tiefem Schmerz und Ängsten hat er nicht aufgegeben. Er betete und arbeitete, und eines Tages rissen die Wolken auf, und der finanzielle Ruin konnte abgewendet werden. Der Unternehmer kam wieder auf die Beine und erzählte von seiner schwierigen Situation. Wann immer ich ihn in der Kirche sehe, denke ich daran, wie wichtig es ist, sich nicht von der Angst lähmen zu lassen, sondern im Glauben einen Fuß vor den anderen zu setzen, im Vertrauen darauf, dass Gott uns hindurchbringen wird.

Der Herr, der allmächtige Gott ist auch bei Ihnen. Und mit Gottes Hilfe können Sie die Riesen in Ihrem Leben besiegen. Geben Sie nicht auf. Beten Sie, und halten Sie Ihre Schleuder griffbereit.

Herr, du kennst die Riesen, die sich vor mir aufgebaut haben. Hilf mir, nicht zu vergessen, dass du der Herr, der allmächtige Gott bist, und dass du hier bei mir bist. Hilf mir, darauf zu vertrauen, dass du mir hindurchhelfen kannst und wirst, ungeachtet der Umstände. Amen.

TAG 11

VOR WEM SOLLTE ICH MICH FÜRCHTEN?

Der Herr ist mein Licht, er rettet mich. Vor wem sollte ich mich noch fürchten? Bei ihm bin ich geborgen wie in einer Burg. Vor wem sollte ich noch zittern und zagen (Psalm 27,1)?

Nehmen Sie einmal die Bibel zur Hand und schlagen Sie sie in der Mitte auf. Wenn es in Ihrer Bibel nicht ausführliche Anmerkungen und Karten im Anhang gibt, werden Sie vermutlich das Buch der Psalmen vor sich haben. Für mich war das immer ein hilfreiches Bild. In der Mitte der Bibel stoßen wir auf ein Buch, in dem das Volk Gottes durch Lieder und Gebete in den verschiedenen Jahreszeiten des Lebens zum Ausdruck bringt, was es empfindet.

Einige Psalmen sind Lobgesänge, die entstanden sind, als gerade etwas Schönes geschehen war. Aber es gibt auch andere Zeiten im Leben, wenn nicht überströmende Freude das vorherrschende Gefühl ist. Zeiten, in denen wir Widerstand und Widrigkeiten erleben. Zeiten der Hoffnungslosigkeit oder Verzweiflung. In solchen Augenblicken würden wir vielleicht lieber zu Gott um Hilfe flehen oder unseren Frust und Zweifel zum Ausdruck bringen. Nehmen wir Psalm 13: „Herr, wie lange wirst du mich noch vergessen, wie lange hältst du dich vor mir verborgen? Wie lange noch sollen Sorgen mich quälen, wie lange soll der Kummer Tag für Tag an mir nagen? Wie lange noch wird mein Feind über mir stehen“ (Psalm 13,2–3)? Oder die einleitenden Worte von Psalm 22: „Mein Gott, mein Gott, warum hast du mich verlassen?“

Diese Psalmen werden oft die „Klagepsalmen“ genannt. Ich bin dankbar, dass diese Gebete in die Bibel aufgenommen wurden. Sie sind ehrlich und mutig. Manchmal zucken wir vielleicht zusammen, wenn wir lesen, wie offen Verletzung und der Wunsch, Gott möge an den Feinden des Verfassers Rache üben, beschrieben werden. (Wie in Psalm 137,9, wo zu den Babyloniern, die Jerusalem zerstört und das jüdische Volk in die Gefangenschaft geführt hatten, gesagt wird: „Glücklich, wer deine kleinen Kinder packt und am Felsen zerschmettert!“) Solche Verse entsprechen nicht der Haltung Gottes, sondern lassen erahnen, wie tief verletzt ein Mensch ist.

Aber auch wenn wir hier und da auf ein Gebet stoßen, in dem der Psalmist Gott bittet, seine Feinde zu vernichten, so finden sich in den Psalmen doch viel häufiger Worte, die von dem Vertrauen und der Zuversicht auf Gottes Fähigkeit sprechen, den Psalmisten zu erlösen. Selbst wenn ein Psalm mit einer Klage beginnt, endet er fast immer mit einer Bestätigung, einer Erinnerung an das, was Gott getan hat, um den Psalmisten in der Vergangenheit zu retten, oder was Gott in der Zukunft tun kann, um den Verfasser vor Schaden zu bewahren.

Psalm 13, der, wie schon bemerkt, mit den Worten beginnt: „Herr, wie lange wirst du mich noch vergessen, wie lange hältst du dich vor mir verborgen?“, endet mit diesem eindrucksvollen Gebet: „Ich aber vertraue auf deine Liebe und juble darüber, dass du mich retten wirst. Mit meinem Lied will ich dich loben, denn du hast mir Gutes getan.“

Insgesamt überwiegt in den Psalmen der Ausdruck des Vertrauens und der Hoffnung, wie in Psalm 27,1, der über dieser heutigen Andacht steht:

Der Herr ist mein Licht, er rettet mich.
Vor wem sollte ich mich noch fürchten?
Bei ihm bin ich geborgen wie in einer Burg.
Vor wem sollte ich noch zittern und zagen?

Peter Böhler, ein mährischer Missionar aus dem achtzehnten Jahrhundert, sagte einmal zu John Wesley, der gerade in einer schwierigen Situation steckte: „Predige den Glauben, *bis* du ihn hast; und dann wirst du den Glauben predigen, *weil* du ihn hast." Etwas Wichtiges geschieht in unseren Herzen, wenn wir laut aussprechen, dass wir Gott vertrauen. In gewissem Sinn ist das genau das, was die Psalmisten tun – sie singen laut von ihrem Vertrauen auf Gott, bis es sich irgendwann in ihrem Herzen festsetzt. Und das gilt auch für uns heute.

Ich versuche, jeden Tag mindestens einen Psalm zu lesen und zu beten. Ich lese ihn laut vor, dann suche ich mir einen oder zwei Verse aus, auf die ich mich konzentriere und die ich im Gebet wiederhole. Einige Psalmen berühren mich tief. Bei anderen fällt es mir schwer, einen Vers zu finden, der mich anspricht. Aber häufiger ist es so, dass ein Satz, manchmal auch mehrere, genau das ausdrückt, was meine Seele in diesem Augenblick hören muss.

Hier sind als Beispiel zwei Verse, die ich kürzlich gebetet habe. Nehmen Sie sich einen Augenblick Zeit, sie laut zu beten, nicht nur einmal, sondern mehrmals. Sprechen Sie diese Worte langsam nach, bis ihre Bedeutung von Ihren Lippen zu Ihrem Herzen wandert.

Ich lobe Gott für das, was er versprochen hat; ihm vertraue ich und fürchte mich nicht. Was kann mir ein Mensch jetzt noch tun (Psalm 56,4–5)?

Ich aber singe von deiner Macht. Früh am Morgen juble ich dir zu, weil du so gnädig bist. Du bietest mir Schutz wie eine sichere Burg; zu dir kann ich fliehen, wenn ich weder aus noch ein weiß (Psalm 59,17).

TAG 12

ETWAS VERPASSEN

Im 11. Regierungsjahr Salomos, im Monat Bul, dem 8. Monat des Jahres, war der Tempel fertig. Insgesamt hatte man also sieben Jahre daran gebaut. Jede Einzelheit stimmte genau mit den Bauplänen überein. An seinem Palast baute Salomo dreizehn Jahre (1. Könige 6,38–7,1).

Als sich seine Herrschaft dem Ende zuneigte, bestimmte König David seinen Sohn Salomo zu seinem Nachfolger. David hatte sich durch seine Tapferkeit als Krieger und durch seine Psalmen einen Namen gemacht. Salomo war bekannt für seine Weisheit. Doch nachdem er immer mehr Macht erlangt hatte, bekam er einen unstillbaren Appetit auf mehr – mehr Essen, mehr Wagen, mehr Paläste, mehr Frauen und mehr Gold.

Salomo errichtete schließlich den Tempel, Gottes irdische Wohnstatt unter seinem Volk, den David gern gebaut hätte. David stellte die Baupläne und einen großen Teil der Baumaterialien für dieses prächtige Gebäude zur Verfügung. Salomo verpflichtete die Arbeiter und besorgte das Bauholz und die Steine.

Doch nachdem Gottes Haus, der Tempel, fertig gestellt war, gibt uns der Verfasser des ersten Buchs Könige einen dezenten Hinweis darauf, dass Salomo vielleicht doch nicht so weise war, wie es den Anschein hatte: Salomo brauchte für den Bau des Tempels des Herrn sieben Jahre, aber dreizehn Jahre für seinen eigenen Palast. Wenn die Bauzeit ein Hinweis sein kann, dann war Salomos Palast das prächtigere der beiden Gebäude.

Der Verfasser des ersten Buchs Könige berichtet uns weiter, dass Salomo große Mengen an Gold, vierzehnhundert Streitwagen und zwölftausend Pferde besaß. Und Frauen hatte Salomo fast eintausend. Wer brauchte denn schon vierzehnhundert Streitwagen und eintausend Frauen und Konkubinen? Was war nur los mit Salomo?

Im Jahr 2004 bekam dieses Phänomen einen Namen: FOMO, die Angst, etwas zu verpassen (engl. *fear of missing out*, Anmerkung der Übersetzerin). Die Angst, etwas zu verpassen, ist die häufigste Ursache für eine Midlife-Crisis. Ständig unsere Handys zu checken und in den sozialen Medien unterwegs zu sein, ist nichts anderes als die Angst, etwas zu verpassen. Nicht nur König Salomo hatte mit FOMO zu kämpfen. Viele von uns sind davon betroffen.

Lange Zeit glaubte man, dass das Buch Prediger von Salomo verfasst wurde. Einige Gelehrte heute zweifeln daran. Wer auch immer der Verfasser des Buches Prediger war, er war definitiv von FOMO heimgesucht. Der Verfasser schreibt als alter Mann, der auf sein Leben zurückblickt und seine lange Suche nach materieller Befriedigung beschreibt:

> Zu den Knechten und Mägden, die schon seit ihrer Geburt in meinem Haus lebten, erwarb ich noch weitere hinzu. Ich besaß größere Rinder- und Schafherden als alle, die vor mir in Jerusalem regiert hatten. Meine Schatzkammern füllte ich mit Silber und Gold, mit Schätzen aus anderen Königreichen. Ich ließ Sänger und Sängerinnen an meinen Hof kommen und hatte alle Frauen, die ein Mann sich nur wünschen kann. So wurde ich reicher und berühmter als jeder andere, der vor mir in Jerusalem regiert hatte … Ich

> gönnte mir alles, was meine Augen begehrten, und erfüllte mir jeden Herzenswunsch (Prediger 2,7–9a.10a).

Doch trotz allem, was er zusammengetragen hatte, blieb der Verfasser des Buches Prediger unzufrieden. Immer wieder lesen wir in dem Buch den Satz: „Alles ist vergänglich, nichts hat Bestand, ja alles ist völlig sinnlos." Das beschreibt eine Erkenntnis, zu der die Philosophen in allen Zeitaltern gekommen waren: Je mehr wir uns darauf konzentrieren, unsere Sehnsucht nach Vergnügen zu befriedigen, desto unzufriedener werden wir. Die Psychologen nennen dies „hedonische Adaption".

Bei vielen Gelegenheiten hat Jesus FOMO und die Schlussfolgerung, dass „mehr + besser = Glück" sei, angeprangert. Eine seiner Aussagen rufe ich mir in Erinnerung, wenn ich den Drang verspüre, eine neue Kamera, eine neue Uhr, ein neues elektronisches Gerät oder Kleidungsstück, einen neuen Wagen oder sonst etwas zu kaufen: „Hütet euch vor der Habgier! Wenn jemand auch noch soviel Geld hat, *das Leben kann er sich damit nicht kaufen*" (Lukas 12,15; Hervorhebung vom Autor).

Wie können wir FOMO und unseren ständigen Wunsch nach mehr überwinden? Wir üben uns in Dankbarkeit und sagen Dank für das, was wir besitzen; wir kultivieren unsere Großzügigkeit Gott und anderen gegenüber, und wir trainieren unsere Gedanken, damit wir begreifen, dass man sich Leben nicht kaufen kann.

Ich habe das folgende Gebet für ein kleines Buch über Finanzen vorbereitet, das ich vor mehreren Jahren geschrieben habe.* Wir haben es als Gebet auf einem Schlüsselanhänger an unsere Mitglieder verteilt und alle eingeladen, dieses Gebet zu spre-

* Adam Hamilton, *Enough: Discovering Joy Through Simplicity and Generosity*, Nashville 2009.

chen, bevor sie einkaufen gehen. Ich lade Sie ein, es laut zu beten, zweimal, und sich dabei auf jedes Wort zu konzentrieren.

Herr, hilf mir, dankbar zu sein für das, was ich habe, mir in Erinnerung zu rufen, dass ich vieles von dem, was ich mir wünsche, gar nicht brauche, und dass Freude in Einfachheit und Großzügigkeit zu finden ist. Amen.

TAG 13

TODESSEHNSUCHT

Da schickte Isebel einen Boten zu Elia, der ihm ausrichten sollte: „Die Götter sollen mich schwer bestrafen, wenn ich dir nicht heimzahle, was du diesen Propheten angetan hast! Morgen um diese Zeit bist auch du ein toter Mann, das schwöre ich!" Da packte Elia die Angst. Er rannte um sein Leben und floh bis nach Beerscheba ganz im Süden Judas. Dort ließ er seinen Diener, der ihn bis dahin begleitet hatte, zurück. Allein wanderte er einen Tag lang weiter bis tief in die Wüste hinein. Zuletzt ließ er sich unter einen Ginsterstrauch fallen und wünschte, tot zu sein. „Herr, ich kann nicht mehr!", stöhnte er. „Lass mich sterben! Irgendwann wird es mich sowieso treffen, wie meine Vorfahren. Warum nicht jetzt" (1. Könige 19,2–4)?

Elia gehört zu den Propheten, die ganz besonders verehrt werden. Er ist einer von nur zwei Menschen in der Bibel, die nicht gestorben sind, sondern in den Himmel aufgenommen wurden. Im Propheten Maleachi, dem letzten Buch des Alten Testaments, wird vorausgesagt, dass Elia vor dem Kommen des „Tags des Herrn" wiederkommen wird. Bis zum heutigen Tag warten die Juden auf Elias Wiederkunft und sprechen an jedem Passahfest davon. Im Neuen Testament wird berichtet, dass Jesus auf dem Berg der Verklärung mit Elia spricht.

Elia war ohne Zweifel ein Mann mit einem tiefen Glauben und von Gott geliebt. Doch in 1. Könige 19 erleben wir Elia so deprimiert und verzweifelt, dass er Gott anflehte, ihn sterben zu lassen. Was war der Grund für Elias tiefe Verzweiflung?

Elia lebte im neunten Jahrhundert vor Christus, einer Zeit, in der Israel in zwei Königreiche geteilt war. Ahab und Isebel herrschten als Königspaar über das Nordreich Israel. Ihre Herrschaft war von Bosheit, Ungerechtigkeit und Götzendienst gekennzeichnet. Gott gab Elia den Auftrag, das Königspaar mit seinem Unrecht zu konfrontieren. Doch andere Propheten vor ihm, die sich gegen Ahab und Isebel gestellt hatten, mussten das mit ihrem Leben bezahlen. Nach einer dramatischen Konfrontation mit Isebels Propheten auf dem Berg Karmel (siehe 1. Könige 18,18–46) schwor Königin Isebel, dass auch Elia getötet werden würde.

Aus Angst um sein Leben floh Elia in die etwa einhundertdreißig Kilometer entfernte Wüste Negev. Doch irgendwann beschlich ihn die Angst, sein Leben würde nie besser werden. Er wollte nicht mehr davonlaufen. So viele Jahre hatte er nun schon mit Ahab und Isebel Katz und Maus gespielt, und er war immer die Maus gewesen. Ihn quälte die Angst, sein Leben würde immer so trostlos bleiben wie im Augenblick. In dieser Situation sehnte er seinen Tod herbei.

In den vergangenen Jahren bin ich vielen Menschen begegnet, die ähnlich empfanden wie Elia. Sie sehnten sich nach dem Tod und beteten dafür, sterben zu dürfen. Und leider habe ich auch mit vielen Menschen sprechen müssen, deren Lieben selbst Hand an sich gelegt und ihrem Leben ein Ende gesetzt hatten. Ihre Hoffnungslosigkeit war so groß, dass sie einfach nicht mehr weiterleben wollten.

Wir alle kennen das Gefühl der Hoffnungslosigkeit, die Angst, dass das Leben nie mehr besser werden wird. Es ist die Angst, dass der Schmerz oder die Leere oder die Verzweiflung, die wir im Augenblick erleben, oder die schlimmen Umstände, in denen wir festhängen, sich nie ändern werden. Der Gedanke: „Wenn das jetzt so bleibt, will ich nicht mehr weiterleben, ich halte das nicht aus“, kann sehr quälend sein.

Aber Gott will, dass Elia weiterlebt. Ein vorzeitiger Tod war und ist nicht die Antwort. Nach seinem Gebet legte sich Elia hin und schlief ein. Während er schlief, stieß ihn ein Engel* Gottes an und sagte: „Steh auf! Iss etwas!“ Der Engel hatte Brot und Wasser für Elia vorbereitet. Elia aß und schlief wieder ein (ein deprimierter Mensch schläft viel). Kurz darauf weckte der Bote Elia erneut und sagte: „Steh auf, Elia, und iss! Sonst schaffst du den langen Weg nicht, der vor dir liegt“ (1. Könige 19,7).

Beachten Sie, dass der Engel nicht versprach: „Gott wird alles ganz bald in Ordnung bringen.“ Nein, er sagte: „Iss etwas, denn die Reise, die vor dir liegt, wird nicht leicht werden.“

Elia aß und trank und wanderte vierzig Tage lang, bis er den Berg Horeb erreichte, wo er betete und seine Klagen vor Gott ausbreitete.** Schließlich spürte Elia Gottes Gegenwart als ein „leichtes Säuseln“, wie es in der Bibelübersetzung *Hoffnung für alle* ausgedrückt wird. Gott hörte Elias Klagen geduldig an und sagte dann mit anderen Worten: „Geh zurück, Elia, ich habe noch mehr für dich zu tun.“

Elia kehrte nach Israel zurück, wo er sich weiter für Gerechtigkeit einsetzte und Ungerechtigkeit anprangerte. Er bildete einen jungen Mann aus, der sein Nachfolger werden sollte – das war Elisa. Und eines Tages schickte Gott einen Feuerwagen, der Elia direkt in den Himmel holte. Was hätte Elia alles verpasst, wenn er an jenem Tag in der Wüste gestorben wäre!

---

* In einigen Übersetzungen wird das Wort „Engel“ verwendet, aber das Wort bedeutet einfach „Bote“.

** Manchmal wird der Berg Horeb in der Bibel auch Berg Sinai genannt.

Vor einiger Zeit beobachtete ich eine Frau, die ihre Enkelin im Arm hielt. Auf ihrem Gesicht lag ein Ausdruck tiefer Freude. Als ich das sah, musste ich daran denken, dass diese Frau zehn Jahre zuvor zu mir gekommen war und sterben wollte. Ich denke an den Mann, der angesichts seiner finanzieller Schwierigkeiten am liebsten Schluss gemacht hätte. Aber das hat er nicht getan. Er machte weiter. Ein Jahr später fasste er beruflich langsam wieder Fuß, und heute ist er ein ganz anderer Mensch, voller Hoffnung und zufrieden mit seiner Arbeit.

Ich könnte noch viele andere Geschichten erzählen. Sie haben in mir die Überzeugung wachsen lassen, dass Schmerz und Dunkelheit nicht ewig dauern werden. Stehen Sie auf und essen Sie. Trinken Sie. Machen Sie sich auf den Weg. Hören Sie auf das sanfte Säuseln. Und machen Sie sich bewusst, dass der Herr bei Ihnen ist und dass er mit Ihnen noch etwas vorhat.

Herr, du weißt, dass es Zeiten gibt, wo ich am liebsten aufgeben würde. Und es gibt in meinem Bekanntenkreis Menschen, denen das auch so geht. Hilf mir, still zu sein und zu wissen, dass du Gott bist, dass du bei mir bist und auch meinen Schmerz zu etwas Gutem werden lassen kannst. Und mache mich zu einem Engel für diejenigen, die von Dunkelheit und Verzweiflung geplagt sind. Gebrauche mich, damit ich ihnen Freundschaft, Ermutigung und Fürsorge geben kann.

Wenn Sie jemanden kennen, der selbstmordgefährdet ist oder Sie selbst von solchen Gedanken gequält werden, brauchen Sie vielleicht mehr als eine Andacht und Glauben. Wenden Sie sich an die Telefonseelsorge. Die Person am anderen Ende der Leitung könnte Gottes Engel für Sie sein.

TAG 14

DENN ICH BIN DEIN GOTT

Aber jetzt sagt der Herr,
der euch geschaffen hat, ihr Nachkommen von Jakob,
der euch zu seinem Volk gemacht hat:
„Hab keine Angst, Israel,
denn ich habe dich erlöst!
Ich habe dich bei deinem Namen gerufen,
du gehörst zu mir.
Wenn du durch tiefes Wasser
oder reißende Ströme gehen musst –
ich bin bei dir, du wirst nicht ertrinken.
Und wenn du ins Feuer gerätst,
bleibst du unversehrt.
Keine Flamme wird dich verbrennen.
Denn ich, der Herr, bin dein Gott,
der heilige Gott Israels. Ich bin dein Retter“
(Jesaja 43,1–3a).

Das Buch Jesaja ist ein faszinierendes, rätselhaftes, wunderschönes und zugleich schwieriges Buch. Jesajas Botschaft hatte, wie die Botschaft vieler anderer Propheten, den Zweck, die Leidenden zu trösten und die Wohlhabenden anzuprangern. In den frühen Teilen des Buches überwiegen die Warnungen (an die Wohlhabenden), aber immer wieder fließen auch

Worte des Trostes an die Leidenden ein. In den späteren Teilen des Buches stehen eher die Worte des Trostes an die Leidenden im Vordergrund.

Jesaja prangert Ungerechtigkeit und Machtmissbrauch von Israels Führern an, die zur Folge haben, dass die Reichen immer reicher und die Armen immer ärmer werden. Er verurteilt auch den Götzendienst von Menschen, die behaupten, Gott zu dienen, obwohl sie in ihrem Herzen Reichtum und Macht anbeten oder sich in der Anbetung der anderen alten Gottheiten des Nahen Ostens versuchten. Sie wollte Jesaja anprangern. Doch in dem ganzen Buch, und vor allem in den späteren Kapiteln, waren der oder die Verfasser des Buches Jesaja bemüht, die Leidenden zu trösten mit dem Versprechen, dass ihre Sünden vergeben werden würden, dass ihre Unterdrückung zu Ende gehen und ewige Freude zu ihnen zurückkehren würde.

Christen aller Zeiten fühlten sich von Jesajas Worten, die oft den Finger in die Wunde legen, getröstet und tief berührt. Zitate oder Anspielungen auf Jesaja finden sich bei Jesus und den Schreibern des Neuen Testaments mindestens fünfundachtzig Mal in ganz unterschiedlichem Kontext. Und Jesajas Worte sprechen auch immer noch in die vielfältigen Lebenssituationen von uns Christen heute.

Die frühen Teile des Propheten Jesaja scheinen eine Warnung vor dem kommenden Gericht zu sein, die späteren Kapitel sind wohl eher an das jüdische Volk gerichtet, das unter seinen babylonischen Eroberern zu leiden hatte und aus seinem Heimatland nach Babylon geführt worden war.* Den in Babylon

* Allgemein wird angenommen, dass große Teile von Jesaja (die Kapitel 1–39) vor oder unmittelbar nach 701 v. Chr. entstanden sind, während sich die restlichen Teile des Buches Jesaja (Kapitel 40–66) auf die Situation der Juden im Exil in Babylon im sechsten Jahrhundert v. Chr. beziehen.

im Exil lebenden Juden verspricht Jesaja eine Rückkehr aus dem Exil – eine Rückkehr zurück ins Land Israel, auch wenn diese Rückkehr mit großen Herausforderungen verbunden sein würde. Er schreibt im Auftrag Gottes:

> Wenn du durch tiefes Wasser oder reißende Ströme gehen musst – ich bin bei dir, du wirst nicht ertrinken. Und wenn du ins Feuer gerätst, bleibst du unversehrt. Keine Flamme wird dich verbrennen (Jesaja 43,2).

Selbst wenn die Rückkehr des Volkes durch reißende Ströme und Feuer behindert würde, könnten die Fluten ihnen nichts anhaben, das Feuer würde sie nicht verbrennen. Wie ermutigend ist für diese Generation der in der Fremde lebenden Juden, von denen viele im Exil zur Welt gekommen waren und das verheißene Land nicht kannten, die Zusage, dass Gott sie schützen und wieder nach Hause bringen würde, komme, was da wolle.

Beachten Sie, dass Gott nicht sagt: „Falls du durch tiefes Wasser oder reißende Ströme gehen musst“, oder: „Falls du ins Feuer gerätst.“ In unserem Leben werden wir durch tiefes Wasser und Feuer gehen müssen. Wir werden Widrigkeiten erleben – das gehört zum Leben dazu. Aber wenn wir diese Zeiten der Not erleben, brauchen wir keine Angst zu haben. „Ich bin bei dir“, sagt Gott. „Die reißenden Ströme und das Feuer werden dir nichts anhaben können.“

Egal welche reißenden Ströme oder welches Feuer Sie im kommenden Jahr erleben werden – ob Krankheit, Verlust der Arbeitsstelle, den Tod eines geliebten Menschen, finanzielle Not oder buchstäblich Fluten oder Feuer – Gott wird bei Ihnen sein, und nichts kann Ihnen etwas anhaben, denn Sie gehören zu ihm, und er hat Sie bei Ihrem Namen gerufen. Nicht einmal der Tod kann Ihnen letztlich etwas anhaben, weil er sogar den Tod besiegt hat, wie wir in den folgenden Kapiteln sehen werden.

Herr, danke, dass du mich erlöst hast, dass du meinen Namen kennst und mich dein eigen nennst. Hilf mir, dir zu vertrauen, wenn die reißenden Ströme und das Feuer kommen. Hilf mir, nicht zu vergessen, dass du immer bei mir bist, und lass mich auf deine unerschöpfliche Liebe vertrauen.

TAG 15

ICH ALLEIN WEISS, WAS ICH MIT EUCH VORHABE

Denn ich allein weiß, was ich mit euch vorhabe: Ich, der Herr, habe Frieden für euch im Sinn und will euch aus dem Leid befreien. Ich gebe euch wieder Zukunft und Hoffnung. Mein Wort gilt! Wenn ihr dann zu mir ruft, wenn ihr kommt und zu mir betet, will ich euch erhören. Wenn ihr mich sucht, werdet ihr mich finden. Ja, wenn ihr von ganzem Herzen nach mir fragt, will ich mich von euch finden lassen. Das verspreche ich, der Herr. Ich werde euer Schicksal zum Guten wenden: Aus allen Ländern und Orten, in die ich euch zerstreut habe, will ich euch wieder sammeln und in das Land zurückbringen, aus dem ich euch damals fortgejagt habe. Darauf könnt ihr euch verlassen (Jeremia 29,11–14).

Im Jahr 626 v. Chr. gab Gott dem jungen Jeremia den Auftrag, mutige Worte an das jüdische Volk zu richten. Viele hatten sich von Gott abgewandt und beteten Götzen an, und deshalb sollte Jeremia die Juden warnen, dass Gott seinen Schutz von seinem treulosen Volk abziehen würde. Er warnte sie, dass die Babylonier kommen und ihnen das Land wegnehmen würden. Wenn sie sich den Babyloniern widersetzen würden, würden

Jerusalem und der Tempel zerstört werden und das jüdische Volk nach Babylon ins Exil geführt werden.

Niemand wollte Jeremias Worte hören. Den König und die Führer der Juden brachte er gegen sich auf. Einige aus dem Volk wollten ihn steinigen. Judas falsche Propheten erzählten ihnen etwas ganz anderes und drängten den König und seine Leute, sich den Babyloniern zu widersetzen und darauf zu vertrauen, dass Gott das Volk aus den Händen seiner Feinde retten würde. Jeremia wurde verhaftet, verurteilt und schikaniert, weil er von dem Volk von Jerusalem und ihrem König gefordert hatte, sie sollten ihre Sünden bereuen und sich den Babyloniern ergeben. Aber Jeremia blieb bei seinen Warnungen, dass Juda zerstört werden würde, wenn das Volk sich ihnen widersetzte.

Im Jahr 597 v. Chr. plünderte die babylonische Arme Jerusalem, setzte einen neuen König ein und führte viele Anführer des Volkes als Gefangene nach Babylon. Nach einer weiteren Rebellion elf Jahre später wurde Jerusalem zerstört, genau wie Jeremia vorausgesagt hatte.

Jeremia 29 ist ein Brief an die erste Gruppe der im Exil lebenden Juden, der entstanden ist, kurz nachdem sie im Jahr 597 v. Chr. nach Babylon geführt worden waren. Einige von ihnen hofften immer noch auf ihre schnelle Rückkehr nach Juda, doch Jeremia rät ihnen, sich auf einen langen Aufenthalt einzurichten. Er ermuntert sie, Häuser zu bauen, in Babylon zu heiraten und „bemüht euch um das Wohl der Stadt, in die ich euch wegführen ließ, und betet für sie. Wenn es ihr gut geht, wird es auch euch gut gehen.“

In diesem Brief finden wir die bekannteste und beliebteste Stelle aus dem Propheten Jeremia, Jeremia 29,11. Viele, die diese Verse zitieren, kennen den Kontext nicht. Diese Worte sind sehr eindrücklich und haben in den zweitausendsechshundert Jahren, seit Jeremia sie aufschrieb, vielen Menschen Mut gemacht. Wir wollen diese Worte aus Jeremia 29,11–14 lesen. Wenn möglich sollten Sie sie sogar laut vorlesen:

> Denn ich allein weiß, was ich mit euch vorhabe: Ich, der Herr, habe Frieden für euch im Sinn und will euch aus dem Leid befreien. Ich gebe euch wieder Zukunft und Hoffnung. Mein Wort gilt! Wenn ihr dann zu mir ruft, wenn ihr kommt und zu mir betet, will ich euch erhören. Wenn ihr mich sucht, werdet ihr mich finden. Ja, wenn ihr von ganzem Herzen nach mir fragt, will ich mich von euch finden lassen. Das verspreche ich, der Herr. Ich werde euer Schicksal zum Guten wenden: Aus allen Ländern und Orten, in die ich euch zerstreut habe, will ich euch wieder sammeln und in das Land zurückbringen, aus dem ich euch damals fortgejagt habe. Darauf könnt ihr euch verlassen.

Was haben diese an die im Exil lebenden Juden gerichteten Worte, die im Jahr 597 v. Chr. von den Babyloniern gefangen genommen worden waren, mit uns heute zu tun? Warum werden sie so häufig zitiert, und warum klammern sich Menschen des Glaubens so häufig daran? Weil wir in diesen Worten ein Bild für unser eigenes Leben erkennen können, wenn alles aus dem Ruder gerät. Und wir hören in diesen Worten Gottes Versprechen, nicht nur für die Juden damals, sondern auch für uns. Gott will uns nicht verlassen. Gott hört uns, wenn wir beten, und möchte uns eine Zukunft mit Hoffnung geben.

Gott hat das jüdische Volk nicht über Nacht gerettet. Die Juden mussten viele Jahre im Exil leben. Aber sie ertrugen ihr Exil voller Hoffnung in dem Wissen, dass Gott einen Plan für sie hatte, und dass diese Pläne, wie weit in der Zukunft sie auch liegen mochten, Pläne des Friedens waren. Es waren von Hoffnung erfüllte Pläne.

Suchen Sie ihn, rufen Sie ihn an und vertrauen Sie ihm. Er möchte Ihnen eine Zukunft voller Hoffnung schenken.

Herr, in meinen Augenblicken des Exils, in den Zeiten, in denen ich mich allein fühle und Angst habe vor der Zukunft, hilf mir, dir zu vertrauen. In diesem Augenblick vertraue ich dir meine Zukunft an. Und ich vertraue dir, dass du mich retten wirst vor dem Exil und dass du Pläne für mich hast, dass du mir eine Zukunft geben willst, die von Hoffnung erfüllt ist.

TAG 16

DIE GÜTE DES HERRN

Was Frieden und Glück ist, weiß ich nicht mehr.
Du, Herr, hast mir alles genommen.
Darum sagte ich: „Meine Kraft ist geschwunden,
und meine Hoffnung auf den Herrn ist dahin."
Aber eine Hoffnung bleibt mir noch,
an ihr halte ich trotz allem fest:
Die Güte des Herrn hat kein Ende,
sein Erbarmen hört niemals auf,
es ist jeden Morgen neu!
Groß ist deine Treue, o Herr
(Klagelieder 3,17–18.21–23).

Jeremias Worte bewirkten bei dem Volk keine Reue, keine Umkehr, nicht einmal, nachdem die ersten ins Exil geführt worden waren. Und so griff im Sommer 586 v. Chr.* die babylonische Armee noch ein zweites Mal an, riss die Stadtmauern Jerusalems nieder, tötete viele Bewohner, brannte die Paläste nieder, plünderte den Tempel Gottes und brannte ihn dann bis auf die Grundmauern nieder. Jerusalems König musste mit ansehen, wie seine Söhne umgebracht wurden. Danach stachen

* Es gibt unterschiedliche Angaben, ob 586 oder 587 v. Chr.

ihm die Babylonier die Augen aus. Somit war der Tod seiner Söhne das Letzte, was er sehen sollte. Er und viele aus dem Volk von Juda wurden ins weit entfernte Babylon gebracht und mussten mit den anderen im Exil leben.

Der Verfasser der Klagelieder, die Jeremia zugeschrieben werden, schrieb dieses fünf Kapitel umfassende Gebet unmittelbar nach der Zerstörung Jerusalems.

Fünfzehn Jahre nach 9/11 besuchte ich in New York die Gedenkstätte, die an diesen Tag erinnert. Die Ausstellung ist sehr bewegend, aber die Aufzeichnung der Stimmen der Menschen, die dieses Chaos miterlebten, rührte mich buchstäblich zu Tränen. Diese Empfindung traf mich unerwartet, denn mittlerweile sind so viele Jahre vergangen. Es waren die Stimmen von Reportern, die vom Unglücksort zu berichten versuchten, und die aufgezeichneten Gespräche von Feuerwehrleuten und anderen Rettungskräften, und natürlich die Handynachrichten der Menschen, die in den Zwillingstürmen gefangen waren und sich von ihren Liebsten verabschiedeten. Es traf mich mitten ins Herz.

In den Nachwehen einer ähnlichen Krise, der Zerstörung Jerusalems und des Todes von Tausenden seiner Einwohner an jenem Sommertag im Jahr 586 v. Chr., schrieb der Verfasser der Klagelieder: „Was Frieden und Glück ist, weiß ich nicht mehr."

Menschen, die die Bibel noch nie gelesen haben, halten sie oft für ein Buch voller Plattitüden, das einen optimistischen Blick auf eine Welt ohne Leiden vermittelt. Aber das Gegenteil ist der Fall. Ein großer Teil der Bibel ist nach tiefem Leid entstanden. Die Verfasser der Bibel waren keine Menschen, die ein schönes Leben führten und sich fröhlich darüber ausließen, wie schön das Leben sein kann, wenn man nur an Gott glaubt. Nein, es waren Menschen, die Nöte und Schmerz durchleiden mussten und die sich trotzdem in ihrem Vertrauen zu Gott nicht erschüttern ließen.

Der Verfasser der Klagelieder steckt den Kopf nicht in den Sand und tut so, als gäbe es auf der Welt kein Leid. Ganz im Gegenteil. Er wird unmittelbar damit konfrontiert. Sein Heim wurde zerstört. Er hat geliebte Menschen verloren. Er schreibt: „Meine Kraft ist geschwunden, und meine Hoffnung auf den Herrn ist dahin."

Aber lesen Sie, wie er fortfährt:

Aber eine Hoffnung bleibt mir noch,
an ihr halte ich trotz allem fest:
Die Güte des Herrn hat kein Ende,
sein Erbarmen hört niemals auf,
es ist jeden Morgen neu (3,21–23).

Im Grunde genommen sagt er nichts anderes als: „Die Welt mag zugrunde gehen, aber ich verlasse mich auf Gottes unerschütterliche Liebe." Das hebräische Wort für „unerschütterliche Liebe" ist *chessed.** Es bedeutet Freundlichkeit, Mitgefühl, Erbarmen. Der Verfasser der Klagelieder klammerte sich an die Überzeugung, dass Gottes Erbarmen, sein Mitgefühl und seine Liebe unerschütterlich sind, auch wenn die Welt um ihn herum in Trümmern lag.

An einem Sonntag trat nach dem Gottesdienst im Foyer ein Ehepaar auf mich zu. Ich hatte nicht damit gerechnet, die beiden an diesem Morgen in der Kirche zu sehen. In der vergangenen Woche war ihr sechsundzwanzigjähriger Sohn gestorben. Ich umarmte sie, hielt sie fest und ging mit ihnen in unsere Kapelle. Die Welt, die sie kannten, lag in Trümmern. Sie gaben Gott keine Schuld daran. Sie waren auch nicht zornig, dass Gott nicht eingegriffen hatte. Vielmehr verstanden sie, dass das, was zum Tod ihres Sohnes geführt hatte, nicht Gottes Wille gewesen

* Das Wort wird auch *hessed* oder *checed* geschrieben.

war. An diesem Tag waren sie in den Gottesdienst gekommen, weil Gott ihre einzige Quelle der Hoffnung war – der Hoffnung, dass sie diese schreckliche Dunkelheit irgendwie überstehen würden, der Hoffnung, dass sie ihren Sohn eines Tages wieder sehen würden.

Gott kann und will Sie in den Stürmen Ihres Lebens stützen und erhalten. Er wird Sie durch die Trauer hindurchtragen. Und er hat die Möglichkeit, aus den Tragödien in unserem Leben etwas Gutes entstehen zu lassen. Wenn die Welt auseinander bricht, zwingen wir uns, daran festzuhalten, dass die „Güte des Herrn kein Ende hat" und dass sein Erbarmen niemals aufhört.

Gott, ich glaube an deine Güte. Ich vertraue darauf. Ich verlasse mich darauf. Hilf mir, nicht zu vergessen, dass es dich gibt, dass du bei mir bist und immer bei mir sein wirst, und dass du in deiner Liebe und deinem Erbarmen mich auch durch die dunkelsten Zeiten hindurchtragen wirst.

TAG 17

SCHADRACH, MESCHACH UND ABED-NEGO

König Nebukadnezar sagte: „Schadrach, Meschach und Abed-Nego, ist es wahr, dass ihr meinen Göttern keine Ehre erweist? Warum wollt ihr euch nicht vor meiner Statue niederwerfen? Ich gebe euch eine letzte Gelegenheit: Wenn jetzt die Musik ertönt und ihr niederfallt, lasse ich noch einmal Gnade vor Recht ergehen. Wenn ihr euch aber meinem Befehl widersetzt, werdet ihr auf der Stelle in den glühenden Ofen geworfen. Glaubt ihr, dass euch dann noch ein Gott aus meiner Gewalt retten kann" (Daniel 3,14–15)?

Mehrere Jahre vor der Zerstörung Jerusalems schickte König Nebukadnezar einen großen Teil der jüdischen Oberschicht ins Exil. Einige von ihnen wurden wichtige Diener in seinem Palast. Zu diesen jungen Männern gehörten Daniel, Hananja, Mischael und Asarja. Ein Beamter am Hof des Königs gab ihnen babylonische Namen: Beltschazar, Schadrach, Meschach und Abed-Nego.

In dem kurzen Buch Daniel werden uns gleich zwei dramatische Begebenheiten erzählt, die vom Mut der vier jungen Leute zeugen: Daniel in der Löwengrube (Daniel 6) und Schadrach, Meschach und Abed-Nego im Feuerofen. Ich empfehle Ihnen, die Geschichte von Daniel noch einmal nachzulesen. Konzentrieren wir uns jetzt auf diese drei Freunde.

In Daniel 3,1 erfahren wir, dass König Nebukadnezar ein goldenes Standbild von dreißig Metern Höhe und drei Metern Breite errichten ließ. Auf diesem Götzenbild, einem Obelisk vergleichbar, war vermutlich die Abbildung von einem oder mehreren von Nebukadnezars Göttern zu sehen, vielleicht auch Nebukadnezar selbst. Sobald die Musik ertönte, mussten sich alle, die in der Nähe des Bildes waren, vor dem Bild verneigen als Ausdruck ihrer Ehrfurcht und ihres Gehorsams den Göttern gegenüber. Wer sich weigerte, so hieß es im Dekret des Königs, sollte in einen Feuerofen geworfen werden.

Schadrach, Meschach und Abed-Nego waren zur damaligen Zeit hohe Beamte in der Regierung des Königs. Sie missachteten das Dekret des Königs und verneigten sich nicht vor dem Götzenbild und beteten es nicht an. Denn das zweite der Zehn Gebote verbot ihnen, Götzen anzubeten. Die möglichen Konsequenzen waren ihnen durchaus bewusst. Sie würden nicht nur ihre Stellung verlieren, sondern auch ihr Leben. Trotzdem blieben sie standhaft.

Einflussreichen Männern fehlt es oft an Demut. Sie mögen es nicht, wenn ihre Anordnungen und Befehle missachtet werden. Als einige Babylonier sahen, dass die Männer sich nicht vor dem Bild verneigten, berichteten sie Nebukadnezar davon, und er wurde sehr zornig. Der König ließ Schadrach, Meschach und Abed-Nego zu sich kommen, befragte sie und befahl ihnen, sich vor dem Bild zu neigen, sobald die Musik einsetzte. Sonst würden sie in den Feuerofen geworfen.

Ich liebe die Antwort, die die drei Männer dem König gaben:

> „Wir werden gar nicht erst versuchen, uns vor dir zu verteidigen. Unser Gott, dem wir dienen, kann uns aus dem Feuer und aus deiner Gewalt retten. Aber auch wenn er

es nicht tut, musst du wissen, o König, dass wir nie deine Götter anbeten oder uns vor der goldenen Statue niederwerfen werden" (Daniel 3,16–18).

Was für ein Mut! Bestimmt hatten die jungen Männer große Angst, aber sie wollten ihre Werte und ihren Glauben nicht verraten, nur weil ein mächtiger König es von ihnen verlangte. Sie zweifelten nicht daran, dass Gott sie irgendwie aus dem Feuer retten könnte, „aber auch wenn er es nicht tut", würden sie sich nicht vor dem Bild verneigen oder den Göttern des Königs dienen.

Vielleicht wurde auch von Ihnen schon mal, entweder unter Druck oder mit einer angedeuteten oder offenen Drohung, verlangt, Ihren Glauben oder Ihre Wertmaßstäbe zu verraten. Viele Männer und Frauen kommen zu mir, wenn sie etwas tun sollen, das sie für unmoralisch halten. Einige gaben nach und taten, was von ihnen verlangt wurde. Doch später bereuten sie es. Andere weigerten sich in der festen Überzeugung, dass Gott sie aus dieser Situation irgendwie retten würde. Manche haben tatsächlich ihre Arbeitsstelle verloren oder andere Nachteile in Kauf nehmen müssen, weil sie nicht bereit waren, Dinge zu tun, die sie für falsch hielten.

Für Schadrach, Meschach und Abed-Nego ließ Nebukadnezar den Ofen noch sieben Mal mehr anheizen als normal, dann befahl er, die Männer zu fesseln und ins Feuer zu werfen. Und lesen Sie, was dann passierte:

Plötzlich sprang Nebukadnezar entsetzt auf und fragte seine Beamten: „Haben wir nicht drei Männer gefesselt in den Ofen geworfen?" „Ja, sicher!", antworteten sie. „Warum sehe ich dann aber vier Männer ohne Fesseln im Feuer umhergehen?", rief der König. „Sie sind unversehrt, und der vierte sieht aus wie ein Sohn der Götter!"

Ich liebe dieses Bild des vierten Mannes im Feuerofen! Wer ist dieser Mann, der aussieht „wie ein Sohn der Götter"? Einige Juden glauben, dass es ein Engel des Herrn oder eine Vision von Gott selbst war. Viele Christen sehen in dieser Figur im Feuerofen eine Prophezeiung auf Jesus Christus hin. Auf jeden Fall ist es ein Bild für eine tiefe geistliche Wahrheit: Wenn wir dem Bösen widerstehen und treu zu unserem Glauben und unseren Werten stehen, wird Gott bei uns sein, sogar im Feuerofen der Konsequenzen, die uns erwarten.

Herr, schenke mir den Mut, stark zu bleiben, wenn andere mich zu etwas drängen wollen, das falsch ist. Bitte sei bei mir im Feuerofen des Lebens und hilf mir, dir wie Schadrach, Meschach und Abed-Nego meine Zukunft, mein Leben, meine ganze Person anzuvertrauen.

TAG 18

FÜR EINE ZEIT WIE DIESE

Da ließ Mordechai Königin Esther ausrichten: „Glaub nur nicht, dass du als einzige Jüdin mit dem Leben davonkommst, nur weil du im Königspalast wohnst! Wenn du jetzt nichts unternimmst, wird von anderswoher Hilfe für die Juden kommen, du aber und deine Familie – ihr werdet sterben! Vielleicht bist du gerade deshalb Königin geworden, um die Juden aus dieser Bedrohung zu retten!" (Esther 4,12–14)

In der hebräischen Bibel (die Christen als *Altes Testament* kennen) gibt es so viele wundervolle Berichte, die mit Angst und Mut zu tun haben. Wir können sie in diesem kurzen Andachtsbuch gar nicht alle anschauen. Aber bevor wir uns dem Neuen Testament zuwenden, wollen wir uns noch in einen letzten Bericht vertiefen: Die Geschichte von der Königin Esther.

Das Buch Esther ist etwa im Jahr 479 v. Chr. angesiedelt, sechzig Jahre, nachdem die Perser die Babylonier besiegt und den Juden gestattet hatten, aus dem Exil in ihre Heimat zurückzukehren. Einige Juden wollten lieber im späteren Persischen Weltreich bleiben. Die Geschichte von Esther ereignete sich in der königlichen Stadt Susa, im Palast von König Xerxes.

Esther ist eines von nur zwei Büchern in der Bibel, in denen Gott nicht erwähnt wird, zumindest nicht direkt (das andere ist das Hohelied). Doch ein aufmerksamer Leser des Buches Esther wird entdecken, dass Gott zwar nicht namentlich genannt wird, trotzdem aber in der ganzen Geschichte hinter den Kulissen am Werk ist.

Die Geschichte beginnt, so wird es im Buch Esther berichtet, mit einer Brautschau wie in der RTL-Serie *Der Bachelor.* König Xerxes ist auf der Suche nach einer neuen Königin, und alle schönen „Jungfrauen", wie es im Buch Esther heißt, werden vor ihn gebracht, eine pro Tag, sodass er seine Favoritin aussuchen kann. Unter den „Bewerberinnen", die Xerxes vorgeführt wurden, ist auch die schöne Esther, die am Ende die neue Königin wird.

Esther hat schon als kleines Kind ihre Eltern verloren und wächst bei ihrem Onkel Mordechai auf. Sie ist sehr schön, und, wie wir noch sehen werden, sehr listig und mutig. Sie ist Jüdin, doch auf den Rat ihres Onkels hin behält sie das lieber für sich.

Einige Zeit später setzt der König Haman, einen seiner Beamten, über alle anderen Beamten und erlässt den Befehl, dass sich das ganze Volk verneigen soll, wann immer Haman erscheint. Esthers Onkel Mordechai jedoch verneigt sich nicht vor Haman. Da dieser weiß, dass Mordechai Jude ist (aber offensichtlich nicht, dass er auch der Onkel der Königin ist), reagiert Haman sehr empfindlich auf die Beleidigung Hamans. Er bittet den König, den Tod aller Juden im Persischen Weltreich zu befehlen. Der Versuch, das jüdische Volk auszurotten, hat sich im Laufe der Geschichte leider mehrmals wiederholt.

Der König unterzeichnet das von Haman geforderte Dekret. Allerdings hat er keine Ahnung, dass er damit gleichzeitig das Todesurteil seiner Königin unterzeichnet hat, denn er weiß ja nicht, dass sie Jüdin ist. Als Mordechai von dem Dekret erfährt, bittet er Esther, sich beim König für ihr Volk einzusetzen. Aber

Esther hat Angst. Es gibt ein Gesetz, dass jeder, der unaufgefordert vor dem König erscheint, sterben soll. Der König hat sie schon einen Monat lang nicht mehr rufen lassen.

In dieser Situation bittet Mordechai Esther, angesichts des bevorstehenden Genozids nicht zu schweigen, und er spricht diese bekannten Worte zu seiner Nichte, der Königin: „Vielleicht bist du gerade deshalb Königin geworden, um die Juden aus dieser Bedrohung zu retten" (4,14)?

Gott wird im Buch Esther vielleicht nicht mit Namen genannt, aber immer wieder finden wir Anspielungen darauf, dass Gottes unsichtbare Hand die Ereignisse nach seinem Plan steuert – nicht alles, aber einiges. Mordechai deutet an, dass Esther nicht nur wegen ihrer Schönheit und ihres Charmes von Xerxes zur Königin erwählt worden sei, sondern damit sie eines Tages ihren Einfluss zum Guten nutzen könne. Vielleicht hat Gott sie deshalb Gunst bei Xerxes finden lassen.

Esther nimmt all ihren Mut zusammen, riskiert alles und verwendet sich für ihr Volk. Xerxes erfüllt ihre Bitte; das jüdische Volk wird vor der Vernichtung gerettet.

Vielleicht sollte jeder von uns Mordechais Worte für sich persönlich hören. Wer weiß schon, ob Sie nicht gerade wegen einer Zeit wie dieser Ihre einflussreiche Stellung erlangt haben? Jeder von uns besitzt ein gewisses Maß an Einfluss. Und es gibt Augenblicke, in denen unser Einfluss vielleicht wichtig ist, um für einen anderen Gerechtigkeit zu erwirken. Wir können aus Angst schweigen. Oder wir können unseren Einfluss nutzen, um uns für den anderen einzusetzen. In den Sprüchen werden wir aufgefordert, „für die Leute" einzutreten, „die sich nicht selbst verteidigen können" (31,8). Das jedoch erfordert moralischen Mut.

Wenn ich an Esther denke, fällt mir ein Mann ein, den ich sehr bewundere, Irv Hockaday. Er war CEO von Hallmark, der Firma, die Grußkarten herstellt, und ist mittlerweile im Ruhestand. Als überzeugter Christ war er in den 1960er Jahren angehender Rechtsanwalt, eine potenzielle Führungskraft in der Wirtschaft und Mitglied im *University Club* in Kansas City. Zu diesem Club gehörten viele einflussreiche Geschäftsleute, aber jüdische Mitglieder waren nicht zugelassen. Als Teil des Vorstands fand Irv, dass sich das ändern sollte. Er schlug einen angesehenen jüdischen Geschäftsmann aus Kansas City als Mitglied vor. In anonymen Briefen sprachen sich andere Mitglieder gegen eine Mitgliedschaft des Mannes aus, und der Vorstand lehnte ihn ab. Noch bevor der Antragsteller den ablehnenden Bescheid erhielt, erklärte Irv seinen Austritt aus diesem Club, ein folgenreicher Schritt, der sich negativ auf seine Karriere und Zukunft hätte auswirken können. Einige Jahre später änderte der Club seine Politik.

Im Laufe seiner langen und erfolgreichen Berufslaufbahn setzte sich Irv immer wieder für Menschen ein, „die sich nicht selbst verteidigen" konnten. Er ist in vieler Hinsicht ein Vorbild für moralischen Mut. Wenn er Ungerechtigkeit sah, hörte er Mordechais Frage: „Wer weiß? Vielleicht bist du gerade deswegen in deiner einflussreichen Position?"

Herr, du weißt, dass es Zeiten gibt, wo ich zu viel Angst habe, um aufzustehen und das Wort zu ergreifen. Bitte hilf mir, den Einfluss, den du mir anvertraut hast, für die zu nutzen, die keine Stimme haben. Gebrauche mich, um einen positiven Einfluss auf meine Gemeinschaft und diese Welt auszuüben, damit sie deinem Reich ähnlicher wird.

TAG 19

GOTT HAT DICH AUSERWÄHLT

Elisabeth war im sechsten Monat schwanger, als Gott den Engel Gabriel nach Nazareth schickte, einer Stadt in Galiläa. Dort sollte er eine junge Frau namens Maria aufsuchen. Sie war noch unberührt und mit Josef, einem Nachkommen von König David, verlobt. Der Engel kam zu ihr und sagte: „Sei gegrüßt, Maria! Der Herr ist mit dir! Er hat dich unter allen Frauen auserwählt." Maria erschrak über die Worte des Engels und fragte sich, was dieser Gruß bedeuten könnte. „Hab keine Angst, Maria", redete der Engel weiter. „Gott hat dich zu etwas Besonderem auserwählt. Du wirst schwanger werden und einen Sohn zur Welt bringen. Jesus soll er heißen. Er wird mächtig sein, und man wird ihn Sohn des Höchsten nennen. ... „Ich will mich dem Herrn ganz zur Verfügung stellen", antwortete Maria. „Alles soll so geschehen, wie du es mir gesagt hast" (Lukas 1,26b–32a.38).

Maria war ein Bauernmädchen aus dem kleinen und scheinbar unbedeutenden Dorf Nazareth. Im Johannesevangelium wird berichtet, dass der Jünger Philippus seinem Freund Nathanael anvertraut, Jesus aus Nazareth sei derjenige, „den die Propheten angekündigt haben". Nathanael erwidert: „Was kann von da schon Gutes kommen?" Dieser Satz beschreibt die allgemeine Geringschätzung, die die Galiläer diesem Dorf gegenüber empfanden.

Eines Tages kam ein Fremder in das Dorf und zu Maria. Lukas berichtet, das sei der Engel Gabriel gewesen. Gabriel sagte zu Maria: „Sei gegrüßt, Maria! Der Herr ist mit dir." Das plötzliche Auftauchen dieses Fremden und die seltsame Begrüßung beunruhigten sie. Gabriel beschwichtigt ihre Ängste mit den Worten: „Hab keine Angst, Maria", denn „Gott hat dich zu etwas Besonderem auserwählt". Und weiter teilt er Maria mit, dass sie ein Kind zur Welt bringen wird, den lang ersehnten Messias.

Kurz nach dieser Begegnung besucht Maria ihre Cousine Elisabeth, die schwanger ist. Johannes der Täufer, so wird man ihr Kind später nennen. Elisabeth versichert Maria gleich zweimal, dass sie gesegnet ist. In Lukas 1, nur wenige Verse nach dieser Begegnung, bekommt Maria die Zusicherung, dass sie begünstigt, auserwählt und gesegnet ist.

Aber Gottes Gunst, Erwählung und Segnungen sind häufig nicht, was wir uns darunter vorstellen. Sie sind nicht das Versprechen eines Lebens in Glück und frei von Ungemach. Ganz im Gegenteil: Seine Erwählung, Segnungen und Gunst haben häufig Nöte, Opfer und Schwierigkeiten zur Folge. Wenn ein Engel Ihnen sagt, sie sollen keine Angst haben, dann seien Sie auf der Hut. Rechnen Sie damit, dass Ihnen *richtig* beängstigende Dinge bevorstehen könnten! Bedenken Sie nur, was Maria erwartete:

> „Hab keine Angst, Maria! Gott hat dich zu etwas Besonderem auserwählt!" Du wirst schwanger werden, ohne verheiratet zu sein. Auch wenn dieses Kind durch den Heiligen Geist empfangen sein wird, wird es sogar Josef schwer fallen, das zu glauben. Andere werfen dir vielleicht Ehebruch oder Schlimmeres vor.

„Hab keine Angst, Maria! Gott hat dich zu etwas Besonderem auserwählt!" Du wirst in Josefs Heimatstadt ankommen und feststellen, dass dort kein Raum ist, wo du dein Kind zur Welt bringen kannst. Du wirst gebären wie die Heimatlosen, in einem Stall, und die Wiege des Kindes wird ein Futtertrog für die Tiere sein.

„Hab keine Angst, Maria! Gott hat dich zu etwas Besonderem auserwählt!" Du, dein Mann und dein Kind, ihr werdet gezwungen sein, aus Bethlehem zu fliehen, wenn der wahnsinnige König Herodes von der Geburt deines Kindes erfährt und seine Truppen schickt, um es zu töten. Du wirst viele Kilometer durch die Wüste Sinai wandern und als Flüchtling in Ägypten leben müssen.

„Hab keine Angst, Maria! Gott hat dich zu etwas Besonderem auserwählt!" Eines Tages wirst du zusehen müssen, wie dein Sohn an ein Kreuz genagelt wird. Du wirst mit ihm leiden, der Schmerz wird dein Herz durchbohren.

An diesem Tag der Ankündigung in Nazareth verriet Gabriel Maria nichts von all dem, was sie erwarten würde. Nein, Gabriel sagte nur, dass sie zu etwas Besonderem auserwählt sei, dass Gott mit ihr sei und dass sie den Christus zur Welt bringen würde.

Gottes Weg ist nichts für die Schwachen. Und Gottes Gunst bedeutet nicht unbedingt ein leichtes Leben. In meinem Leben gibt es nur wenige Segnungen, die nicht mit Risiko, Opfer und gelegentlichem Ungemach verbunden waren. Ehe und Elternschaft sind Segnungen, trotzdem beinhalten sie auch Risiko, Opfer und Ungemach. Mein Dienst als Pastor ist ein großer Segen und eine große Ehre in meinem Leben, *und trotzdem* habe ich während meiner Amtszeit mehr Schmerz erlebt, als ich sagen kann. Bei Ihnen ist das bestimmt nicht anders.

Gabriels Worte zu Maria würde er auch zu uns heute sagen, davon bin ich überzeugt: „Der Herr ist mit dir! Hab keine Angst!"

Mir gefällt Marias Antwort an jenem Tag. Trotz ihrer Fragen und Unsicherheit, und obwohl sie sich zumindest einiger Risiken bewusst ist, sagt sie zu Gabriel: *„Ich will mich dem Herrn ganz zur Verfügung stellen. Alles soll so geschehen, wie du es mir gesagt hast."* Ich wünsche Ihnen, dass Sie den Mut haben, dies zu Ihrem Gebet zu machen, wenn Gott Sie zu etwas Besonderem auserwählt und beruft. Denn dann werden Sie feststellen, dass Sie gesegnet sind, auch wenn der Weg schwierig sein mag.

Herr, bitte hilf mir, deinen Ruf zu hören, Risiken einzugehen, Opfer zu bringen und zu tun, was unbequem ist; hilf mir, nicht zu vergessen, dass ich dadurch deinen Segen erfahren werde, und gib mir den Mut, mit Marias Worten auf deinen Ruf zu antworten: „Ich will mich dem Herrn ganz zur Verfügung stellen. Alles soll so geschehen, wie du es mir gesagt hast."

TAG 20

MIT DEM TEUFEL KÄMPFEN

Danach wurde Jesus vom Geist Gottes in die Wüste geführt, wo er den Versuchungen des Teufels ausgesetzt sein sollte. Nachdem er vierzig Tage und Nächte lang gefastet hatte, war er sehr hungrig. Da trat der Versucher an ihn heran und sagte: „Wenn du Gottes Sohn bist, dann befiehl doch, dass diese Steine zu Brot werden" (Matthäus 4,1–3).

In den Evangelien erfahren wir wenig über Jesu Kindheit. Sein eigentliches Wirken beginnt mit der Taufe im Alter von dreißig Jahren. Bei dieser Gelegenheit kommt der Geist auf ihn, und er hört eine Stimme vom Himmel, die sagt: *„Du bist mein geliebter Sohn, der meine ganze Freude ist."*

Jesus fühlte sich berufen, den Menschen zu dienen und „Verlorene zu suchen und zu retten" (Lukas 19,10). Er würde eine Revolution anführen, eine Revolution, die im Herzen der Menschen beginnen, am Ende aber dazu führen würde, dass Gottes Reich auf die Erde kommt, „wie es im Himmel ist". Ich glaube, dass Jesus von Anfang an wusste, dass er sterben würde, und dass sein Tod eine wichtige Voraussetzung dafür war, dass er seinen Auftrag erfüllen konnte.

Doch bevor Jesus seine Mission antrat, zog er sich in die Wüste Judäas zurück. Dort wollte der Teufel ihn in Versuchung führen. Dies war der wichtigste Kampf in der Geschichte, bei dem der Teufel seinem mächtigsten Feind gegenüber stand.

Wie mag das wohl abgelaufen sein? Wie genau hat der Teufel Jesus in Versuchung geführt? Können Sie sich das bildlich vorstellen? Erschien er etwa in einer roten Elastan-Leggins mit einer Mistgabel, um Jesus vom Weg abzubringen? Oder kam er zu Jesus, wie er normalerweise zu uns kommt, um Gedanken in unser Gehirn zu pflanzen, die dann Wurzeln schlagen?

Ich bin schon oft vom Teufel in Versuchung geführt worden, aber ich habe ihn nie tatsächlich gesehen. Allerdings habe ich ihn *gehört.* Es ist wie ein Flüstern – nicht hörbar, sondern ein flüchtiger Gedanke, der mir kommt. Oft erscheint der Gedanke anfangs harmlos, doch wenn er reift, dann lockt er mich, über Dinge nachzudenken, von denen ich genau weiß, dass ich nicht darüber nachdenken sollte (Stolz, Begierde, Rache etc.), oder er verleitet mich, etwas zu sagen, das ich nicht sagen sollte (einen schroffen Kommentar in den sozialen Medien, ein kleiner Klatsch zwischen Freunden), oder er drängt mich, etwas zu tun, von dem ich eigentlich ganz genau weiß, dass ich es nicht tun sollte.

Aber häufiger ist das Ziel des Versuchers nicht, Sie zu einer bestimmten Sünde zu verleiten. Es geht ihm vielmehr darum, dass diese Sünde Sie davon abhält, Gottes Auftrag in Ihrem Leben zu erfüllen, oder dass Sie durch diese Sünden einen anderen darin behindern, das Leben zu führen, das Gott ihm zugedacht hat. Die Versuchung dient am Ende dem Zweck, Gottes Pläne für unser Leben und die Welt zu durchkreuzen.

Ich persönlich kenne etwa ein Dutzend Pastoren, die wegen einer Abhängigkeit von Alkohol, Pornografie oder Glücksspiel, wegen einer außerehelichen Affäre, dem Streben nach Reichtum oder einer ungesunden Sucht nach Anerkennung ihr Amt aufgegeben haben. In solchen Situationen war der große Sieg des Teufels nicht die einzelne Sünde, die der Pastor begangen hat, sondern der Schmerz und der Verrat, den die Betroffenen empfinden, der Schaden, den die Glaubwürdigkeit der Kirche genommen hat, und dass jener Pastor das Gute, das er hätte bewirken können, nicht getan hat, weil er der Versuchung nachgegeben hat.

Und noch etwas gilt es, sich bewusst zu machen. Der Teufel braucht uns gar nicht zu überreden, eine Sünde zu begehen, um uns aus der Bahn zu werfen. Sicher, Mord bringt einen Menschen ins Gefängnis, Ehebruch zerstört eine Familie und Verlogenheit zieht den Verlust der eigenen Glaubwürdigkeit nach sich. Aber manchmal besteht der größte Sieg des Teufels darin, Ihnen einzureden, dass Sie sowieso scheitern werden, warum also sollten Sie es erst versuchen? Manchmal flüstert er Ihnen ein, dass Sie ein Niemand sind und kein Mensch sich um Sie kümmert – dass es keine Hoffnung gibt, warum also sollten Sie weitermachen?

Auffallend ist, dass die ersten beiden Versuchungen Jesu, von denen Matthäus berichtet, mit den Worten des Teufels beginnen: „Wenn du Gottes Sohn bist ...“ Haben Sie es gemerkt? Erst bei seiner Taufe hatte Jesus eine Stimme gehört, die zu ihm sagte: „Du bist mein geliebter Sohn, der meine ganze Freude ist.“ Er war zu der Überzeugung gekommen, dass Gott ihm den Auftrag gegeben hatte, sein Leben für den Dienst an anderen einzusetzen, und er sollte sich darauf vorbereiten, für die Menschheit zu leiden und zu sterben. Aber jetzt kommt ihm ein neuer Gedanke, es kommt der Zweifel: „Bin ich wirklich der Sohn Gottes? Habe ich diese Stimme wirklich gehört? Bin ich wirklich berufen, mein Leben für den Dienst an anderen einzusetzen und am Ende für sie zu sterben? Oder bin ich nur ein Zimmermann mit einem Messias-Komplex?“ Diese Fragen sollten die fundamentale Angst schüren, der sich keiner von uns entziehen kann: Die Angst davor, zu versagen.

Steine in Brot zu verwandeln, war eine Einladung, etwas Absurdes zu tun – ein Wunder zu tun, um zu beweisen, dass er der Sohn Gottes war. Jesus ließ sich auf das Spiel nicht ein, trotzdem verfehlten diese Worte ihre Wirkung nicht: „*Wenn* du der Sohn Gottes bist, spring vom höchsten Punkt des Tempels in Jerusalem. Wenn du *wirklich* der Sohn Gottes bist, wird er dich nicht fallen lassen." Die Botschaft des Teufels ist klar: „Wenn du nicht der Sohn Gottes bist, ist es dann nicht besser, wir beenden diese Scharade jetzt und hier, und du stirbst bei dem Sturz? Ist das nicht besser, als an einem Kreuz der Römer sein Leben zu lassen?" Und auch jetzt wieder lässt sich Jesus durch den Teufel nicht vom Auftrag Gottes abbringen.

Die letzte von Matthäus berichtete Versuchung erscheint uns nachvollziehbarer: „Jesus, wenn du diesen Unsinn mit der geistlichen Revolution sein lässt, das Reich Gottes vergisst und jemand anderen diesen Tod am Kreuz erleiden lässt, dann gebe ich dir den ganzen Reichtum und alle Macht dieser Welt." Auch hier wieder die Angst, etwas zu verpassen. Aber diese Versuchung unterschied sich gar nicht so sehr von den ersten beiden – wieder ein Versuch zu verhindern, dass Jesus Gottes Auftrag erfüllte und den Einfluss gewann, den er als gekreuzigter König haben würde.

Jesus nennt den Teufel zu Recht „Vater der Lügen". Glauben Sie seine Lügen nicht. Vergessen Sie nicht sein Endspiel. Und machen Sie sich bewusst, dass er so mächtig gar nicht ist. In der Bibel wird uns versprochen: „Widersetzt euch mit aller Entschiedenheit dem Teufel. Dann muss er vor euch fliehen" (Jakobus 4,7). Genau das hat Jesus in der Wüste getan, und er möchte, dass wir uns ebenso verhalten, wenn wir das Flüstern des Teufels vernehmen.

Wie dankbar bin ich, oh Herr, dass du weißt, wie es ist, in Versuchung geführt zu werden. Du kennst meine Kämpfe. Du kennst meine Schwächen, die sich der Teufel zu Nutze machen will. Vergib mir, wo ich nicht habe widerstehen können. Hilf mir, die Versuchung zu erkennen und ihr zu widerstehen und nicht auf die Lügen des Teufels hereinzufallen.

TAG 21

EIN GEFÄHRLICHES, REVOLUTIONÄRES GEBET

[Jesus sagte zu ihnen:] Darum sollt ihr so beten:

Unser Vater im Himmel! Dein Name werde geheiligt. Dein Reich komme. Dein Wille geschehe wie im Himmel so auf Erden. Unser tägliches Brot gib uns heute. Und vergib uns unsere Schuld, wie auch wir vergeben unsern Schuldigern. Und führe uns nicht in Versuchung, sondern erlöse uns von dem Bösen. Denn dein ist das Reich und die Kraft und die Herrlichkeit in Ewigkeit. Amen (Matthäus 6,9–13; *Luther*).

Gefährlich" und „revolutionär" sind vielleicht nicht die Worte, die Ihnen in Bezug auf das Vaterunser einfallen. Wenn wir dieses Gebet gemeinsam in der Kirche sprechen, dann erscheint es uns eigentlich ziemlich harmlos. Aber die frühen Christen beteten dieses Gebet dreimal am Tag: morgens, mittags und abends. Sie glaubten, dass es ihr Leben formen und die Welt verändern könnte.

Wir wollen uns die Worte, die Jesus uns als Gebetsvorlage gegeben hat, einmal kurz anschauen.

Unser Vater. Die Ansprache in diesem Gebet macht uns bewusst, dass wir mit anderen verbunden sind. Gott ist *unser*

Vater, nicht nur *mein* Vater. Und obwohl wahr ist, dass Gott nicht einem Geschlecht zugeordnet werden kann, spricht Jesus von Gott als „Vater". Der ideale Vater im Judaismus des ersten Jahrhunderts war bemüht, seine Familie selbstlos zu führen, zu umsorgen, zu beschützen und zu versorgen. Jesus lädt uns ein, Gott als den Einen zu sehen, der uns selbstlos führt, umsorgt und beschützt.

Er ist unser Vater *im Himmel.* Zur Zeit Christi war der Himmel nicht einfach nur der Ort, wo wir hinkommen, wenn wir sterben. Der Himmel – oder häufiger noch *die* Himmel – beschrieb Gottes ganzes Reich, die Weite des Universums. Das griechische Wort für Himmel, *ouranos*, bedeutet gleichzeitig die Atmosphäre, sogar die Luft, die wir atmen. Gottes Gegenwart erfüllt das Universum, und ist uns doch so nah wie die Luft, die wir atmen. In diesem einen Satz anerkennen wir sowohl Gottes Transzendenz wie auch Gottes Immanenz, Gottes Innewohnen, Gottes Größe und seine direkte Nähe zu uns.

Geheiligt sei dein Name. Dein Reich komme. Dein Wille geschehe wie im Himmel so auf Erden. Zu den ersten Wörtern, die Kinder lernen, gehören die Wörter „mein" und „mir". Darum steht jedes „dein" für eine Revolution des Herzens. Jeder von uns neigt von Natur aus dazu, zu beten: „Geheiligt sei *mein* Name. *Mein* Reich komme, *mein* Wille geschehe wie im Himmel so auf Erden." Unsere menschliche Natur wünscht sich, dass die abschließende Doxologie des Gebetes lautet: *Mein* ist das Reich, *mein* ist die Kraft, *mein* ist die Herrlichkeit in Ewigkeit, Amen!" Aber Jesus möchte, dass wir unser Streben nach Macht und Herrlichkeit aufgeben und stattdessen Gottes Reich, Macht, Herrlichkeit und Willen suchen. Wie radikal anders würde unsere Welt aussehen, wenn die 2,3 Milliarden Christen auf dem Planeten sich diesen Wunsch zu eigen machen würden: „Nicht mein, sondern dein."

Gib uns heute *unser täglich Brot.* Wenn ich dieses Gebet jeden Morgen spreche, dann bete ich zuerst für die, die nicht wissen, wo ihr tägliches Brot herkommen soll. Ich denke daran, dass Gott schon immer für die Armen gesorgt hat, indem er diejenigen, die mehr haben, als sie brauchen, zum Teilen auffordert. Mein Gebet jeden Tag ist, dass ich die Armen nicht vergesse und aktiv nach Wegen suche, mit denen zu teilen, die in Not sind.

Aber das Gebet macht mir auch bewusst, dass der Mensch „nicht vom Brot allein lebt", auch wenn ich noch Essen übrig habe. Jesus sagte einmal: „Ich bin das Brot des Lebens. Keiner, der zu mir kommt, wird jemals wieder Hunger leiden" (Johannes 6,35). Ich habe zwar genug zu essen, aber dieses Brot, den lebendigen Christus, brauche ich jeden Tag.

Und vergib uns unsere Schuld, wie auch wir vergeben unseren Schuldigern. Das griechische Wort für Sünde, *hamartia*, dem wir im Neuen Testament häufig begegnen, bedeutet, das Ziel zu verfehlen. Wie oft verfehlen wir das Ziel und weichen in dem, was wir tun und was wir nicht tun, von Gottes Weg ab! Die Bitte um Vergebung gehörte zum täglichen Gebet dazu. Aber Jesus veränderte das Gebet – er revolutionierte es. Wir bitten Gott nicht einfach nur um Vergebung, sondern wir bitten ihn, uns zu vergeben, *„wie wir vergeben unsern Schuldigern"*. Dies ist ein beängstigendes, revolutionäres Gebet.

Und führe uns nicht in Versuchung, sondern erlöse uns vom Bösen. Ich werde häufig gefragt: „Warum diese Bitte, Gott möge uns nicht in Versuchung führen?" Jakobus schreibt in seinem Brief: „Niemand, der in Versuchung gerät, kann behaupten: ‚Diese Versuchung kommt von Gott.' Denn Gott, der für das Böse unangreifbar ist, wird niemanden zum Bösen verführen" (Jakobus 1,13). Die beste Antwort auf dieses offensichtliche Dilemma hörte ich vor einigen Jahren: „Wir haben das Komma falsch gesetzt." Wie bitte? Ja. Was, wenn Jesus nicht wollte, dass wir beten: ‚Führe uns nicht in Versuchung', sondern sagen wollte: „Führe uns, [beachten Sie das Komma] nicht in Versuchung?“ Eigentlich beten wir: „Führe uns, Herr, nicht in Versuchung, in die wir uns selbst so leicht führen. Sondern erlöse uns stattdessen von dem Bösen.“ Wenn wir diesen Schluss an das Gebet setzen, anerkennen wir unseren eigenen täglichen Kampf mit der Versuchung, und wir bitten Gott, uns zu führen, und zwar von der Versuchung weg.

Zu Beginn des zweiten Jahrhunderts beteten Christen dieses Gebet dreimal pro Tag. Es lockt uns, Gott als unserem Beschützer, Versorger und Elternteil zu vertrauen. Es treibt uns dazu, unseren Wunsch nach Ehre, unsere Sehnsucht danach, dass unser Wille geschehe, Gott und Gottes Herrlichkeit unterzuordnen. Es lädt uns ein, Gott zu vertrauen, dass er uns alles, was wir brauchen, schenkt, auch die Vergebung unserer Sünden. Und dadurch bitten wir Gott, uns auf seinem Weg zu führen. Wenn wir dieses Gebet wirklich ernst meinen, wenn wir zulassen, dass es unser Herz, unsere Seele und unser Leben gestaltet, dann fangen wir an zu erkennen, dass es tatsächlich eines der revolutionärsten Gebete ist, die wir sprechen können:

Unser Vater im Himmel! Dein Name werde geheiligt. Dein Reich komme. Dein Wille geschehe wie im Himmel so auf Erden. Unser tägliches Brot gib uns heute. Und vergib uns unsere Schuld, wie auch wir vergeben unsern Schuldigern. Und führe uns nicht in Versuchung, sondern erlöse uns von dem Bösen. Denn dein ist das Reich und die Kraft und die Herrlichkeit in Ewigkeit. Amen.

TAG 22

DIE STÜRME AUF SEE

Die Jünger waren schon weit draußen auf dem See, als ein Sturm heraufzog. Der starke Gegenwind peitschte die Wellen auf und machte dem Boot schwer zu schaffen. In den frühen Morgenstunden kam Jesus über den See zu ihnen. Als die Jünger ihn auf dem Wasser gehen sahen, waren sie zu Tode erschrocken. „Es ist ein Gespenst!", meinten sie und schrien voller Entsetzen. Aber Jesus sprach sie sofort an: „Habt keine Angst! Ich bin es doch, fürchtet euch nicht!!

Da rief Petrus: „Herr, wenn du es wirklich bist, dann befiehl mir, auf dem Wasser zu dir zu kommen." „Komm her!", antwortete Jesus. Petrus stieg aus dem Boot und ging Jesus auf dem Wasser entgegen. Kaum war er bei ihm, da merkte Petrus, wie heftig der Sturm um sie tobte. Er erschrak, und im selben Augenblick begann er zu sinken. „Herr, hilf mir!", schrie er. Sofort streckte Jesus ihm die Hand entgegen, hielt ihn fest und sagte: „Vertraust du mir so wenig, Petrus? Warum hast du gezweifelt?" Sie stiegen ins Boot, und der Sturm legte sich. Da fielen sie alle vor Jesus nieder und riefen: „Du bist wirklich der Sohn Gottes" (Matthäus 14,24–33).

Bei meinem letzten Besuch am See von Genezareth weckte mich mitten in der Nacht ein ganz heftiger Sturm auf. Ich trat nach draußen und versuchte mir vorzustellen, wie sich die Jünger wohl gefühlt haben mochten, die mitten in der Nacht auf dem See von einem solchen Sturm überrascht wurden. Das muss sehr beängstigend gewesen sein.

Zweimal wird in den Evangelien davon berichtet, dass Jesus und die Jünger auf dem See Genezareth einen Sturm erlebten. In einer Geschichte fuhr Jesus mit den Jüngern in einem Boot über den See. Jesus war zutiefst erschöpft eingeschlafen, als der Sturm aufkam. Die Jünger wollten ihn nicht aufwecken, doch als der Sturm stärker wurde, wuchs ihre Angst. Schließlich weckten sie Jesus auf und riefen: „Herr, hilf uns, wir gehen unter!" Manchmal frage ich mich, was sie wohl von ihm erwartet hatten. Sollte er sich etwa ans Ruder setzen? Sollte er ihnen mit dem Segel helfen? Wie immer auch ihre Erwartungen waren, ganz sicher hatten sie nicht damit gerechnet, dass er tun würde, was er schließlich tat.

Jesus „stand auf und bedrohte den Wind und die Wellen. Sofort legte sich der Sturm, und der See lag still da" (Matthäus 8,26). Können Sie sich vorstellen, wie das gewesen sein muss? Von Ehrfurcht ergriffen, sagten die Jünger zueinander: „Was ist das für ein Mensch? Selbst Wind und Wellen gehorchen ihm!" Aber der Fischer unter ihnen wusste Bescheid. In den Psalmen gibt es mehrere Verse, mit denen sich die Fischer beruhigten, wenn ein Sturm aufkam: Psalm 65,7; 89,9 und 107,25. In jedem wird gesagt, dass Gott den Sturm auf See stillt. Die Jünger fingen an zu erkennen, dass ihr Lehrer kein gewöhnlicher Mensch war.

Im zweiten der Sturm-Berichte ist es Nacht. Und in dieser Geschichte war Jesus nicht bei den Jüngern im Boot. Als der Abend herankam, trug er ihnen auf, mit dem Boot zur anderen Seite des Sees zu fahren, ohne ihn. Normalerweise braucht ein kleines Boot etwa eine Stunde, um den See zu überqueren (an seiner breitesten Stelle ist der See Genezareth etwa elf Kilometer breit). Aber als die Sonne an jenem Abend unterging, frischte der Wind auf. Schon bald schwappten die Wellen über den Bootsrand und warfen das kleine Boot hin und her.

Mitten in dem Kampf der Jünger kam Jesus zu ihnen, stieg zu ihnen ins Boot und beruhigte den Wind und die Wellen. Diese Geschichte wird nicht erzählt, um uns zu unterhalten oder zu berichten, was Jesus vor langer Zeit getan hat. Sie soll uns zusichern, dass Jesus auch inmitten *unserer* Stürme zu *uns* kommt.

Jesus geht auf dem Wasser und kommt auf ihr Boot zu. Die Jünger schreien auf vor Angst, denn sie halten ihn für einen Geist. In den Berichten von Markus und Johannes steigt Jesus in das Boot, und der Sturm ebbt sofort ab. Ich liebe dieses Bild! Wenn Sie Jesus in Ihr Boot einladen, dann lassen die Stürme der Angst und Sorge sofort nach.

Matthäus berichtet noch eine Begebenheit, die Markus und Johannes weglassen. Während der Sturm noch wütet und Jesus auf ihr Boot zukommt, äußert Simon Petrus eine ziemlich anmaßende Bitte: „Herr, wenn du es wirklich bist, dann befiehl mir, auf dem Wasser zu dir zu kommen." Hatte Petrus den Verstand verloren? Was für eine Bitte war das denn? Jesus fordert Petrus auf, aus dem Boot zu steigen und zu ihm zu kommen. Zweifellos kennen Sie die Geschichte. Viele von uns haben sie als Kinder gehört.

Petrus stieg aus dem Boot und lief auf dem Wasser zu Jesus hin. Bemerkenswert! Doch dann kam eine starke Windböe. Petrus wandte den Blick von Jesus ab und begann zu versinken. Er rief nach Jesus, der ihn rettete. Beide zusammen stiegen schließlich in das Boot und der Sturm ließ nach.

Warum hat Matthäus diesen Teil der Geschichte wohl dazugenommen? Ich denke, er wollte uns klarmachen, dass uns unsere Angst herunterziehen wird, wenn wir unseren Blick von Jesus abwenden und uns auf den Sturm konzentrieren. Jesus erwartet manchmal von uns, dass wir unsere sichere, bequeme und unkomplizierte Lebenssituation verlassen und zu ihm auf den See kommen, wo das Leben tobt. Ich denke, auch das will uns diese Geschichte zeigen.

Während ich diese Worte schreibe, halten sich einige Männer aus meiner Gemeinde in einem zentralamerikanischen Land auf, um an einer Schule einen neuen Flügel anzubauen. Bestimmt sind einige von ihnen mit einem flauen Gefühl im Magen aufgebrochen, denn die Kriminalitätsrate in diesem kleinen Land ist zehnmal so hoch wie in den Vereinigten Staaten. Trotzdem haben sie sich dorthin auf den Weg gemacht, um für die Kinder dieses Ortes etwas Gutes zu tun. Auch viele andere aus unserer Gemeinde überwinden regelmäßig ihre Ängste, um Menschen in anderen Ländern zu helfen mit einer Arbeit, die ihnen nicht vertraut ist. Das weckt Ängste. Aber warum tun sie es? Weil sie das Gefühl haben, dass Jesus sie ruft, ihre Komfortzone zu verlassen und sich auf den Weg zu machen.

Jesus sitzt mit in Ihrem Boot. Vertrauen Sie ihm: Alles wird gut werden. Er ist mächtiger als die Stürme. Aber vergessen Sie nicht: Manchmal wird er vielleicht auch von Ihnen erwarten, dass Sie aus dem Boot aussteigen, Ihre Komfortzone verlassen und ein Risiko eingehen. Halten Sie dabei aber immer ihren Blick auf ihn gerichtet. Dann beginnt das eigentliche Abenteuer.

Herr, hilf mir, nicht zu vergessen, dass du in den Stürmen des Lebens bei mir bist. Aber hilf mir auch, deinen Ruf zu hören, wenn du mir gebietest, das Boot zu verlassen und auf dem Wasser zu dir zu kommen. Hilf mir, meinen Blick fest auf dich gerichtet zu halten und mich in Bewegung zu setzen, wenn du mich rufst.

TAG 23

WIDERSTAND ERLEBEN

Aber einige der anwesenden Schriftgelehrten dachten: „Das ist Gotteslästerung. Was bildet der sich ein“ (Markus 2,6–7)?

Das war den Zuhörern zuviel. Wütend sprangen sie auf und schleppten Jesus bis zu dem Steilabhang des Berges, auf dem ihre Stadt gebaut war. Dort wollten sie ihn hinunterstoßen (Lukas 4,28–29).

Wütend griffen da die Juden wieder nach Steinen, um ihn zu töten (Johannes 10,31).

Nach dieser Rede wandten sich viele von Jesus ab und gingen nicht mehr mit ihm. Da fragte Jesus auch seine zwölf Jünger: „Wollt ihr auch weggehen und mich verlassen“ (Johannes 6,66–67)?

Von Anfang an sah sich Jesus mit Widerstand konfrontiert. Als er in der kleinen Synagoge seiner Heimatstadt predigte, wandten sich die Zuhörer gegen ihn und wollten ihn von einer Klippe stoßen. Als er Dämonen austrieb, behaupteten die religiösen Führer, er hätte das mit Hilfe der Macht Satans getan. Wenn er Sünden vergab, beschuldigten sie ihn der Gottelästerung. Wenn er auf seine wahre Identität anspielte, wollten sie ihn steinigen.

Matthäus beschreibt Jesu Dienst mit den folgenden Worten: „Danach zog Jesus in viele Städte und Dörfer. Er sprach in den Synagogen und verkündigte überall im Land die Heilsbotschaft vom Reich Gottes. Wohin er auch kam, heilte er alle Krankheiten und Leiden." Viele folgten ihm nach. Seine Beliebtheit machte ihn für die religiösen Führer zu einer Bedrohung. Sie kritisierten ihn hinter vorgehaltener Hand und immer häufiger auch offen. Er prangerte ihre Interpretation der Schriften an, ihre selbst gemachten Gesetze und ihre Heuchelei. Dass er sich mit denen abgab, die allgemein als Sünder galten, war für viele ein Hinweis darauf, dass er selbst ein Sünder war.

Einige der Dinge, die Jesus sagte, waren selbst für seine Freunde und Anhänger schwer zu akzeptieren. In Johannes 6,66, einer Bibelstelle, die man sich gut merken kann, lesen wir: „Nach dieser Rede wandten sich viele von Jesus ab und gingen nicht mehr mit ihm." Können wir nachempfinden, wie schmerzlich das für Jesus gewesen sein muss? Wir hören den Schmerz in seiner Stimme, als er sich kurz darauf an seine Jünger wendet und sie fragt: „Wollt ihr auch weggehen und mich verlassen?"

Bestimmt sind Sie auch schon einmal ungerechtfertigt kritisiert worden. Sie haben sicher auch schon erlebt, dass Menschen hinter Ihrem Rücken über Sie geredet haben. Und ganz gewiss haben Sie sich schon einmal von jemandem verraten gefühlt, den Sie für einen Freund gehalten hatten. Ein solches Erlebnis tut weh, es macht uns mutlos und traurig.

Mose betete, Gott möge ihn doch sterben lassen, nachdem das Volk ihn kritisiert hatte. Isebels Feindschaft hatte Elia so zugesetzt, dass er in der Wüste ebenfalls sterben wollte. In den Psalmen finden wir Davids Klagen darüber, dass er so viel Kritik und Widerstand ertragen muss. Und in seinen Briefen muss Paulus regelmäßig seinen Dienst verteidigen. Die Kritik, die häufig von seinen Mitchristen kommt, tut ihm weh. (Zum Beispiel in 2. Korinther 10,10: „Das könnte man fast annehmen, wenn ihr sagt: ‚In seinen Briefen gebraucht er große Worte, doch bei uns ist er ängstlich und zaghaft. Und wen beeindruckt schon, was er sagt?'")

Eines Abends las ein Politiker mir einmal die unverschämten Briefe vor, die er bekommen hatte. Eine Lehrerin erzählte mir, dass sie nach ihrem ersten Elternabend am liebsten aufgegeben hätte. Und ich habe Dutzende Pastoren in der Seelsorge gehabt, die angesichts der unfreundlichen E-Mails, die Mitglieder ihrer Gemeinde ihnen geschickt hatten, am liebsten das Handtuch geworfen hätten.

Das ist der Preis, den wir zahlen müssen, wenn wir mit Menschen arbeiten. Jesus, Mose und Paulus wurden in ihrer Führungseigenschaft kritisiert, warum sollte es Ihnen und mir anders gehen? Manchmal ist die Kritik berechtigt; sie kann Sie weiterbringen, wenn Sie offen dafür sind, wenn Sie zuhören und daraus lernen. Wer Führungsqualität besitzt, hört auf Kritik und denkt darüber nach, lernt daraus. Aber oft ist die Kritik, wie bei Jesus, nicht berechtigt, sondern durch Eifersucht oder Unsicherheit motiviert, oder weil jemand nicht bereit ist, sich zu verändern. Kritisiert werden Sie manchmal, weil Sie tun wollen, was Gott Ihnen aufgetragen hat.

In solchen Fällen lautet Jesu Ruf an uns: „Liebt eure Feinde und betet für alle, die euch hassen und verfolgen" (Matthäus 5,44). Paulus schreibt: „Lass dich nicht vom Bösen besiegen, sondern besiege das Böse durch das Gute" (Römer 12,21). Wir tun dies, schreibt er weiter, indem wir denen, die unfreundlich zu uns sind, mit Freundlichkeit begegnen.

Unzählige Male hatte ich Gelegenheit, das einzuüben. Manchmal ist es mir nicht gelungen. Aber sehr oft habe ich erlebt, dass die Kritik mich viel weniger heruntergezogen hat, wenn ich freundlich darauf reagiert habe. Ich begann Mitgefühl zu empfinden für den, der auf mich losgegangen war. Bei vielen Gelegenheiten hat meine freundliche Reaktion den Kritiker zu einem Freund werden lassen.

Aber eines tue ich auf keinen Fall: Ich gebe nicht auf, nur weil ich kritisiert wurde. Niemand kann etwas leisten, der bei dem leisesten Widerstand sofort nachgibt. Ich denke, der Herr würde heute zu Ihnen sagen: Kritik wird kommen. Segne die Kritiker, lerne von ihnen, aber gib niemals auf!

Herr, du weißt, dass ungerechtfertigte Kritik mich verletzt hat. Die unfreundlichen Dinge, die über mich gesagt wurden, haben mir weh getan, genauso wie der Treuebruch. Du stellst mir vor Augen, dass du noch viel Schlimmeres erlebt hast als ich. Danke dafür. Gib mir die Kraft, die Menschen zu lieben, die mir weh tun, und durchzuhalten und nicht aufzugeben.

TAG 24

ALS JESUS ANGST HATTE

Dann ging Jesus mit seinen Jüngern in einen Garten, der am Ölberg liegt und Gethsemane heißt. Dort bat er sie: „Setzt euch hier hin und wartet auf mich, bis ich gebetet habe!" Petrus, Jakobus und Johannes nahm er mit. Angst und Entsetzen überfielen Jesus, und er sagte zu ihnen: „Ich zerbreche beinahe unter der Last, die ich zu tragen habe. Bleibt hier und wacht mit mir!" Jesus ging ein paar Schritte weiter, warf sich nieder und betete, dass Gott ihm, wenn es möglich wäre, diese schwere Stunde ersparte: „Abba Vater, alles ist dir möglich. Lass diesen bitteren Kelch des Leidens an mir vorübergehen. Aber nicht was ich will, sondern was du willst, soll geschehen" (Markus 14,32–36).

Für manche von uns ist es schwer vorstellbar, dass Jesus Angst hatte. Er ist doch der Sohn Gottes, wie kann er Angst haben? Aber während seiner Zeit auf der Erde war Jesus zwar der Sohn Gottes, aber er war auch, wie es im Glaubensbekenntnis heißt, ganz Mensch. Mensch zu sein bedeutet, auch Angst zu erleben. Er besaß dieselben Verteidigungsmechanismen wie wir, hatte denselben fundamentalen Überlebensdrang.

An jenem Donnerstag Abend in der Karwoche ging Jesus mit den Jüngern zum Ölberg, zu einem Ort, wo die Oliven gepresst wurden. Dort wollte Jesus beten. In diesem Augenblick wusste er bereits, dass Judas, der ihn verraten hatte, mit der Tempelwache kommen und ihn festnehmen lassen würde. Am nächsten Morgen würde er von den römischen Soldaten zu Tode gefoltert werden.

Sein Gehirn zeigte eine ganz normale Reaktion: Es stellte seinen Körper darauf ein, entweder zu kämpfen oder zu fliehen. Sein Herz klopfte schnell und laut; seine Atmung war flach. Seine Handflächen waren vermutlich feucht und sein Mund bestimmt trocken. Eine unfassbare Angst breitete sich in ihm aus, ein Mechanismus im Körper, den der Selbsterhaltungstrieb auslöst. Wenn Sie mit Panikattacken oder mit Angst zu kämpfen haben, dann kennen Sie solche Reaktionen sehr gut.

Lesen wir noch einmal, wie Markus Jesu Gefühle beschreibt: „Angst und Entsetzen überfielen Jesus, und er sagte zu ihnen: ‚Ich zerbreche beinahe unter der Last, die ich zu tragen habe. Bleibt hier und wacht mit mir!'“ Die Angst soll uns motivieren, die Flucht zu ergreifen. Und genau das geschah hier.

Aber Jesus lief nicht davon, und er hatte auch nicht vor, zu kämpfen. Stattdessen „warf er sich nieder und betete, dass Gott ihm, wenn es möglich wäre, diese schwere Stunde doch ersparen möge“. Von Anfang an wusste er um seinen Tod.

In dieser Situation, seinen Leidensweg vor Augen, betete Jesus: „Nimm diesen Becher – diesen Becher des Schmerzes und Leidens – von mir fort!“ Doch obwohl es Gottes eigener Sohn war, der dieses Gebet sprach, verschonte Gott ihn nicht vor diesem Weg. Er gab Jesus Kraft, blieb an seiner Seite, und ganz bestimmt litt er auch mit und für ihn. Aber Jesus musste trotzdem den Kreuzestod erleiden. Erst zu Ostern würde Gott ihn vom Tod auferwecken. Durch sein Leiden konnte Jesus die Menschen erlösen.

Auch in unserem Leben bleiben wir vor Leiden nicht verschont. Und wie Jesus beten wir, der Kelch möge an uns vorübergehen. Gott schenkt uns Kraft, steht an unserer Seite, leidet mit und für uns und erlöst uns am Ende. Und wenn wir es zulassen, wird Gott unser Leiden zu etwas Gutem in unserem Leben werden lassen.

Jesu Gebet: „Lass diesen bitteren Kelch des Leidens an mir vorübergehen. *Aber nicht was ich will, sondern was du willst, soll geschehen*", kann eine Gebetsvorlage für solche Augenblicke in unserem Leben sein. Wir bringen unsere Bitte vor Gott, und wir ordnen unseren Willen dem Willen Gottes unter.

War es Gottes Wille, dass Jesus verraten, verhaftet, gedemütigt und anschließend zu Tode gefoltert wurde? Nein! Gott will keine Grausamkeit und Unmenschlichkeit. Gott wollte die Menschheit erlösen und erretten. Durch das Kreuz wollte er deutlich machen, wie groß die Verderbtheit der Menschen ist und wie groß das außergewöhnliche Erbarmen Gottes. Er wollte „die Länge und die Breite und die Höhe und die Tiefe der Liebe Gottes" (Epheser 3,18) verdeutlichen, und durch die Auferstehung seinen entscheidenden Sieg über das Böse, über Hass, Sünde und Tod verkünden. Durch das Leiden und den Tod Christi wollte Gott die Welt retten, eine Welt, zu der auch Sie und ich gehören.

In unserem Leben werden wir manchmal mit Leiden konfrontiert. Unser Gehirn ist so programmiert, dass es uns davor schützen will – Angst ist der Mechanismus, der uns treibt, entweder zu kämpfen oder zu fliehen. Manchmal können wir dem Leid nicht entfliehen oder dagegen ankämpfen, man kann es nur erdulden. Und wenn das so ist, beten wir, dass Gottes Wille dadurch geschehe. Er hat das Leiden vielleicht nicht gewollt, aber er wird es zu unserem Besten gebrauchen. Er wird etwas Gutes daraus entstehen lassen.

Vater, mein Leiden ist nichts im Vergleich zu dem, was dein Sohn hat leiden müssen. Aber wie er bitte ich, der Kelch möge an mir vorübergehen. Wenn ich es jedoch erleiden muss, dann gib mir bitte Kraft dafür und sei an meiner Seite. Lass aus meinem Leiden etwas Gutes entstehen. Ich vertraue darauf, dass du mich am Ende vom Bösen erlösen wirst. Und möge mein Gebet immer sein: Nicht mein, sondern dein Wille geschehe.

TAG 25

WENN UNS DER MUT VERLÄSST

Unterwegs sagte Jesus zu seinen Jüngern: „In dieser Nacht werdet ihr euch alle von mir abwenden. ... Da beteuerte Petrus: „Wenn sich auch alle anderen von dir abwenden – ich halte auf jeden Fall zu dir!" Doch Jesus erwiderte ihm: „Ich versichere dir: In dieser Nacht, noch ehe der Hahn kräht, wirst du dreimal geleugnet haben, mich zu kennen."

„Auch wenn es bedeutet, dass ich mit dir sterben muss, werde ich das niemals tun!", rief Petrus (Matthäus 26,31.33–35).

Es war Abend, und Jesus verließ mit seinen Jüngern den Raum, in dem sie gemeinsam das Passah gefeiert hatten. Noch ganz verwirrt über Jesu Ankündigung seines Todes, wanderten sie durch das Kidron-Tal zum Gebetsort in Gethsemane. Jesus ergriff noch einmal das Wort: „In dieser Nacht werdet ihr euch alle von mir abwenden."

Können Sie sich vorstellen, was die Jünger dabei empfunden haben mochten? Und wieder ist es Petrus, der darauf etwas zu sagen hatte: „Wenn sich auch alle anderen von dir abwenden – ich halte auf jeden Fall zu dir!" Genau das hätte ich auch gesagt. Doch Jesus antwortet: „Noch vor dem Morgengrauen wirst du *dreimal* leugnen, mich zu kennen." Petrus hätte vielleicht besser den Mund gehalten. Doch stattdessen beteuert er: „Auch wenn es bedeutet, dass ich mit dir sterben muss, werde ich das niemals tun."

Die Verleugnung des Petrus nach Jesu Verhaftung ist eine der bekanntesten Geschichten in den Evangelien. Zu der Zeit, als die Evangelien geschrieben wurden, war Petrus ein Held, der tapfer für seinen Glauben gestorben war, doch sein größtes Versagen ist für alle Zeiten in allen vier Evangelien festgehalten. Das passt nicht recht zu dem Bild, das wir uns gern von unseren Helden machen. Normalerweise spielen wir ihr Versagen herunter und stellen ihre Leistungen heraus.

Ich habe mich bereits an anderer Stelle mit dem Leben des Petrus auseinandergesetzt und geschrieben, dass die Verleugnung in den Evangelien festgehalten wurde, weil Petrus selbst in den Jahrzehnten zwischen Jesu Auferstehung und seinem eigenen Tod immer wieder darüber gesprochen hat.* Es war ein einschneidendes Erlebnis in seinem Leben, und die Verfasser der Evangelien konnten nicht über Petrus schreiben, ohne davon zu berichten.

Wir wollen uns die Verleugnungsgeschichte noch einmal vornehmen und überlegen, warum diese Begebenheit die Brücke geschlagen hat zwischen den Christen aller Zeitalter.

Nachdem Jesus in Gethsemane verhaftet worden war, ergriffen neun seiner Jünger die Flucht. Aber Simon Petrus und Johannes, so wird im Johannesevangelium berichtet, folgten Jesus in einem gewissen Abstand, der von den Soldaten zum Haus des Hohenpriesters geführt wurde, um dort abgeurteilt zu werden. Wir wollen Petrus hier zu Gute halten, dass er großen

---

* Siehe: Adam Hamilton, *Simon Peter: Flawed But Faithful Disciple*, Nashville 2018.

Mut bewiesen hat, als er sich nach der Verhaftung Jesu in den Hof des Hohenpriesters schlich. Einige der Zuschauer im Hof hatten die Verhaftung vermutlich miterlebt. Sie erinnern sich vielleicht, dass es Petrus war, der sein Schwert zog und dem Diener des Hohenpriesters das Ohr abschlug. Wenn ihn jemand erkannt hätte, dann wäre er vermutlich ebenfalls verhaftet worden. Es war sehr mutig, sich unter die Menge der Zuschauer zu mischen.

Doch dann kam die Wende, und Angst kroch in ihm hoch. Matthäus beschreibt die Szene folgendermaßen: „Da trat eine Dienerin auf ihn zu und sagte: ‚Du gehörst doch auch zu Jesus, diesem Galiläer!'" Die Lüge ging ihm glatt über die Lippen: „Ich weiß nicht, wovon du redest." Dann stellte sich Petrus ans Tor. Für den Fall, dass er fliehen müsste, wollte er vorbereitet sein. „Eine andere Frau trat an ihn heran und sagte zu den Umstehenden: ‚Der da gehört auch zu diesem Jesus aus Nazareth!'" Petrus lügte wieder und schwörte feierlich: „Ich kenne den Mann gar nicht." Matthäus schreibt weiter: „Kurze Zeit später kamen noch einige andere Leute, die in der Nähe gestanden hatten, und sagten zu Petrus: ‚Natürlich gehörst du zu seinen Freunden! Dein Dialekt verrät dich.' Da rief Petrus: ‚Ich schwöre euch: Ich kenne diesen Menschen nicht! Gott soll mich verfluchen, wenn ich lüge!' In diesem Augenblick krähte ein Hahn, und Petrus fielen die Worte ein, die Jesus gesagt hatte: ‚Ehe der Hahn kräht, wirst du dreimal geleugnet haben, mich zu kennen.' Da ging Petrus hinaus und weinte voller Verzweiflung."

Können Sie sich vorstellen, dass Petrus auf seinen Reisen durch das Römische Weltreich diese Geschichte erzählte? Der Zweck seiner Reisen war doch, die Christen und alle, die am Glauben Interesse zeigten, zu ermutigen. Meine Erfahrung als Pastor ist, dass die Leute sich viel mehr für mein Versagen interessieren als für meine Erfolge. Wenn wir von unserem eigenen Versagen erzählen, schaffen wir eine Verbindung zu den Zuhörern, denn jeder kann sich darin wieder finden. Petrus hatte zwar versagt, aber Jesus hat ihm vergeben und ihm ein neues Leben geschenkt. Wenn Petrus das erleben durfte, gibt es auch für uns noch Hoffnung.

Haben Sie Christus schon einmal verleugnet? Vielleicht haben Sie Ihren Glauben verschwiegen, weil Sie Angst hatten, dass Freunde sich von Ihnen abwenden könnten. Vielleicht hätten Sie sich zu Wort melden müssen, wenn Sie Unrecht gesehen oder etwas gehört haben, was falsch war, aber Sie haben den Mund gehalten, weil Sie Angst hatten vor den Konsequenzen. Vielleicht haben Sie sich Menschen gegenüber in einer Weise verhalten, die nicht im Einklang stand mit Ihrem Glauben, oder Sie haben nach Dingen gestrebt, die sich nicht mit Ihrem Glauben an Christus vereinbaren ließen. Wir alle haben in der einen oder anderen Weise Jesus verleugnet, genau wie Petrus.

Diese Geschichte ist deshalb so wichtig, weil Jesus nach seinem Tod und seiner Auferstehung Petrus seine Schuld vergab, weil er ihm ein neues Leben schenkte und ihn trotz seines größten Versagens gebrauchte, um seine Gemeinde zu bauen. Manchmal ist es gerade unser größtes Versagen, das zum eindrücklichsten Zeugnis für die Gnade und Barmherzigkeit Gottes wird.

Herr, vergib mir, wenn ich dich verleugnet habe. Vergib mir, wenn ich geschwiegen habe, wo ich hätte reden müssen. Vergib mir, wo ich mich aus Angst vor der Meinung anderer nicht zu dir bekannt habe. Vergib mir, wo ich dich durch mein Handeln verleugnet habe. So wie du Simon Petrus wieder erneuert hast, erneuere auch mich und gebrauche mich für dein Werk und schenke, dass mein Versagen andere auf deine unvorstellbare Gnade hinweisen möge.

TAG 26

DIE SIEBEN LETZTEN WORTE JESU

Jesus schrie noch einmal laut auf: „Vater, in deine Hände gebe ich meinen Geist" (Lukas 23,46).

Am Kreuz hängend zu sprechen, muss sehr anstrengend gewesen sein. Dazu musste sich der Gekreuzigte an den Nägeln, die die Hände oder Handgelenke durchbohrten, aufrichten, was mit unglaublichen Schmerzen verbunden war. Wir können davon ausgehen, dass die Worte, die vom Kreuz herunter gesprochen wurden, von großer Bedeutung waren.

In den Evangelien sind sieben Aussagen festgehalten, die Jesus während der sechs Stunden, die er am Kreuz hing, gemacht hat. Man spricht von den „sieben letzten Worten". In jedem Jahr predige ich am Karfreitag über diese Worte und was sie bedeuten. Das ist für mich eine Hilfe, über den Tod Jesu nachzudenken. Viele Menschen haben ganze Bücher über diese Worte geschrieben.*

* Ausführliche Gedanken zu diesen Worten finden Sie in einem Buch, das ich vor einigen Jahren für die Passionszeit geschrieben habe: *Final Words from the Cross*, Nashville 2011.

„Vater, vergib ihnen, denn sie wissen nicht, was sie tun" (Lukas 23,34).

Jesus hatte seine Jünger gelehrt, anderen zu vergeben. Er lehrte sie, ihre Feinde zu lieben und für die zu beten, die sie verfolgen. Es ist eine Sache, so etwas in einer Predigt zu sagen; eine ganz andere ist es, sie an einem Kreuz hängend zu praktizieren. Dadurch, dass er das getan hat, hat Jesus ein Beispiel gesetzt und uns Vergebung vorgelebt. Aber in seinem Gebet ging es auch um uns. Er betete für die Menschen heute, für Sie und für mich: „Vater, vergib ihnen, denn sie wissen nicht, was sie tun." *Danke, Herr, für deine Gnade.*

„Ich versichere dir: Noch heute wirst du mit mir im Paradies sein" (Lukas 23,43).

Zwei Verbrecher, Diebe und Gewalttäter, die sich gegen die Römer aufgelehnt haben, wurden rechts und links von Jesus gekreuzigt. Als sie hören, dass Jesus für seine Peiniger betet, wendet sich einer dieser Verbrecher an Jesus und sagt: „Herr, denke an mich, wenn du in dein Königreich kommst!" Jesus erwidert darauf: „Noch heute wirst du mit mir im Paradies sein." Ich liebe diesen Wortwechsel, denn er erinnert mich daran, dass niemand jemals zu tief unten ist, um auf Christus zu vertrauen, und noch im Sterben war es Jesu Anliegen, Sünder zu Gott zu ziehen. *Danke, Herr, für deine Liebe zu Sündern.*

„Frau, siehe das ist dein Sohn!"
„Siehe, das ist deine Mutter"
(Johannes 19,26–27; *Luther*).

An diesen Worte fällt mir ganz besonders auf, dass Jesus, der unendlich leidet, sich nicht mit sich selbst beschäftigt, sondern er denkt an seine Mutter, an ihren Schmerz und ihre Zukunft.

Jesu Sorge um seine Mutter erinnert mich daran, dass auch ich mich um meine Eltern kümmern und für sie sorgen muss. *Hilf mir, Herr, für meine Eltern zu sorgen.*

„Mein Gott, mein Gott, warum hast du mich verlassen" (Matthäus 27,46 und Markus 15,34)?

Zwei der letzten der sieben Aussagen Jesu waren Gebete aus den Psalmen. Diese Worte, die nur bei Matthäus und Markus zu finden sind, stammen aus Psalm 22,1. Die Dramatik dieses Gebetes berührt mich zutiefst. Jesus fühlt sich tatsächlich von Gott verlassen. Doch was tut er in dem Augenblick, in dem er sich so furchtbar allein fühlt? Er betet. Er kann Gott nicht spüren, aber er betet. Er sieht Gottes Erlösung nicht, aber er betet. Es gibt Augenblicke im Leben, in denen wir uns von Gott verlassen fühlen. Aber Gott hat uns nicht verlassen. In solchen Augenblicken beten wir, wie Jesus und David vor ihm. *Herr, wenn ich mich verlassen fühle, hilf mir zu beten und dir zu vertrauen, dass du mich nicht verlässt.*

„Ich habe Durst" (Johannes 19,28).

Wenn Johannes Einzelheiten einfügt, die auf den ersten Blick überflüssig erscheinen, steckt fast immer ein tieferer Sinn dahinter. Durst ist eine Begleiterscheinung des Sterbens. Angehörige helfen dem Sterbenden, indem sie seine Lippen befeuchten. Doch diese Worte bei Johannes haben einen tieferen Sinn. In Johannes 4 bietet Jesus einer Frau „lebendiges Wasser" an. „Wer aber von dem Wasser trinkt, das ich ihm gebe, der wird nie wieder Durst bekommen." Hier am Kreuz jedoch ist die Quelle des lebendigen Wassers versiegt (siehe auch Psalm 22,15), da sein Leben sich dem Ende zuneigt. *Herr, hilf mir, nach dir und dem lebendigen Wasser zu dürsten, das du gibst.*

„Es ist vollbracht“ (Johannes 19,30).

Die griechische Sprache drückt den Satz „es ist vollbracht“ in einem Wort aus, *tetelestai*. Früher hörte ich diesen Satz als einen Schrei der Resignation, als würde Jesus sagen: „Mein Leiden ist vorbei“, kurz bevor er seinen letzten Atemzug tut. Aber mir gefällt die Interpretation von Bischof Will Willimon: „Für mich ist dieses Wort dasselbe Wort, das Michelangelo sprach, als er seinen letzten Pinselstrich an der Decke der Sixtinischen Kapelle tat.“* *Tetelestai* war kein Ausruf der Resignation, sondern ein Ausruf, dass dieses Meisterwerk der Erlösung Christi vollendet war, dass er seinen Erlösungsauftrag erfüllt hatte. *Danke, Herr, für deine außergewöhnliche Liebe.*

„Vater, in deine Hände gebe ich meinen Geist“
(Lukas 23,46).

Auch in seinen letzten Worten im Lukasevangelium betet Jesus wieder einen Psalm, dieses Mal Psalm 31,5. William Barclay schreibt, dass jüdische Mütter diese Worte mit ihren Kindern vor dem Schlafengehen sprechen, sozusagen als Abendgebet. Die Vorstellung, dass Jesu letztes Gebet am Kreuz eines war, das seine Mutter ihm als kleiner Junge beigebracht hat, berührt mich tief. Es war ein Ausdruck des Vertrauens, dass er bei seinem Tod sicher in den Armen seines Vaters sein würde. Wenn Sie düstere Augenblicke erleben, wenn Sie das Gefühl haben, ganz allein zu sein, wenn Sie Angst haben oder nicht wissen, was die Zukunft bringen wird, sprechen Sie mit Jesus zusammen dieses Gebet: *Vater, in deine Hände gebe ich meinen Geist.*

---

* William H. Willimon, *Thank God It's Friday: Encountering the Seven Last Words from the Cross*, Nashville 2006, S. 62 (Kindle).

Herr, deine Worte am Kreuz berühren mich tief. Hilf mir zu vergeben, wie du vergeben hast, die Verlorenen anzunehmen, wie du die Verbrecher angenommen hast, für meine Familie zu sorgen, wie du für deine Mutter gesorgt hast. Und wenn ich mich verlassen fühle, tröste du mich mit dem Wissen, dass auch du dich schon einmal so verlassen gefühlt hast. Wenn ich Durst habe, gib mir dein lebendiges Wasser zu trinken. Hilf mir, das Meisterwerk zu erkennen, das am Kreuz vollendet wurde. Und mit dir bete ich: „Vater, in deine Hände gebe ich meinen Geist."

TAG 27

OSTERN

An diesem Sonntagabend hatten sich alle Jünger versammelt. Aus Angst vor den Juden ließen sie die Türen fest verschlossen. Plötzlich war Jesus bei ihnen. Er trat in ihre Mitte und grüßte sie: „Friede sei mit euch!". Dann zeigte er ihnen die Wunden in seinen Händen und an seiner Seite. Als die Jünger ihren Herrn sahen, freuten sie sich sehr. Und Jesus sagte noch einmal: „Friede sei mit euch" (Johannes 20,19–21)!

Jesus starb an einem Freitag Nachmittag um drei Uhr, am Karfreitag, wie wir diesen Tag heute nennen. Der Karfreitag (engl. *Good Friday*, Anmerkung der Übersetzerin) ist nur im Rückblick gut. Für alle, die Jesus liebten und ihm folgten, war der Tag ganz bestimmt nicht gut. Jesu Leichnam wurde vom Kreuz heruntergenommen und in aller Eile für das Begräbnis vorbereitet, weil mit dem Sonnenuntergang der Sabbat begann und dann keine Begräbnisse mehr erlaubt waren. Ein wohlhabender Mann mit Namen Josef, ein Mitglied des herrschenden Rates der Juden, hatte Mitleid mit Jesus. Josef stellte sein eigenes Familiengrab für Jesu Begräbnis zur Verfügung.

Die meisten Juden im ersten Jahrhundert glaubten, dass der Geist nach dem Tod ins Totenreich hinabsteigt (in den Scheol oder Hades). Der Teil des Scheols, der den Gerechten vorbehalten war, wurde Paradies genannt. Zu dem Verbrecher am Kreuz hatte Jesus gesagt: „Heute wirst du mit mir im Paradies sein.“ Doch während Jesu Geist im Totenreich war, erlebten die Jünger die reine Hölle. Traumatisiert und vollkommen verängstigt, hielten sie sich verborgen, vermutlich in demselben Raum, in dem sie weniger als vierundzwanzig Stunden zuvor zusammen mit Jesus das Passahfest gefeiert hatten. Die Türen waren jetzt verschlossen, aus Angst, die Religionsbehörden könnten sie verhaften und die Bewegung, die Jesus begründet hatte, endgültig auslöschen.

Früh am Sonntag Morgen waren es die Frauen, die den Mut hatten, diesen Raum zu verlassen und zum Grab zu gehen in der Hoffnung, sie würden jemanden finden, der ihnen den Stein wegrollte. Sie wollten die Begräbnisrituale, die am Freitag noch nicht vollendet waren, zu Ende bringen. Doch als sie dort ankamen, war der Stein bereits weggerollt und das Grab leer. Ein Engel erklärte den Frauen, Jesus sei von den Toten auferstanden. Kurz darauf erschien Jesus seinen Jüngern.

„Friede sei mit euch“, sagte Jesus zu ihnen an jenem ersten Ostertag. Diese Worte lassen erahnen, welche Wirkung die Auferstehung auf diejenigen hatte, denen Christus erschien. Angst und Trauma lösten sich auf, machten Platz für den *Shalom*, den Frieden und die große Freude. Es war unvorstellbar, dass Jesus, der zu Tode gefoltert und anschließend begraben worden war, jetzt hier in ihrer Mitte saß. Er war am Leben. Es war nicht nur die Freude, einen verstorbenen Angehörigen wieder zu sehen. Mit seinem Erscheinen bestätigte Jesus alles, was er gepredigt, gelehrt und getan hatte. Es war eine kraftvolle Proklamation, dass Jesus, der den Sturm und die Wellen stillte, Dämonen austrieb, den Blinden die Augen öffnete, der den Sündern Gnade erwies und Menschen zu Gott führte, tatsächlich der Messias war. In diesem Mann war Gott zu ihnen gekommen. Sie hatten das immer schon gespürt, aber jetzt wussten sie es mit Sicherheit.

Die Liturgie für Beisetzungsgottesdienste in der Evangelisch-methodistischen Kirche beginnt mit mehreren aneinander gefügten Worten Jesu, die von der Hoffnung sprechen, die Christus uns angesichts des Todes anbietet:

> Jesus sprach: „Ich bin die Auferstehung und das Leben. Wer an mich glaubt, wird leben, auch wenn er stirbt. Und wer lebt und glaubt an mich, wird niemals sterben. Ich bin das Alpha und das Omega, der Anfang und das Ende, der Erste und der Letzte. Ich war tot, doch nun lebe ich für immer und ewig, und ich habe Macht über den Tod und das Reich des Todes. Und weil ich lebe, sollt auch ihr leben."

Unzählige Male habe ich diese Worte zu Beginn von Trauergottesdiensten gesprochen. Ich kann sie schon nicht mehr zählen, es müssen Hunderte gewesen sein. Sie haben sich in meinen Geist eingegraben und wurzeln tief in meiner Seele. Ich habe diese Worte gesprochen, wenn Kinder Selbstmord begangen hatten, wenn Menschen durch einen Autounfall ums Leben gekommen, durch Krankheit, Mord und Alter gestorben waren. Einige mögen sie für abgedroschen halten. Aber für mich sind sie Gottes Antwort auf den Tod, in Gestalt eines Erlösers, der gekreuzigt wurde und tot und begraben war: *Aber am dritten Tag stand er von den Toten auf.* Wenn wir diesen Worten vertrauen, trauern wir anders, und wir leben anders.

Neulich machte ich einen Kondolenzbesuch bei einer Frau aus unserer Gemeinde, deren Mutter gestorben war. Kim sagte zu mir: „Ich bin gar nicht traurig, sondern freue mich. Ich stelle mir vor, dass meine Mutter endlich wieder mit meinem Vater zusammen ist und dass die beiden miteinander tanzen. Beide hatten einen tiefen Glauben, und ich weiß, dass sie jetzt bei Jesus sind. Und das erfüllt mich mit großem Frieden."

Ihr innerer Frieden und ihre Freude nach dem Tod ihrer Mutter hat ihren Ursprung in jenem ersten Osterabend, als Jesus zu seinen Jüngern sagte: „*Friede sei mit euch.*" Nachdem er dies gesagt hatte, zeigte er ihnen seine Hände und seine Seite. Als die Jünger ihren Herrn sahen, freuten sie sich sehr. Und Jesus sagte noch einmal: „Friede sei mit euch!"

Herr, hilf mir, die unglaubliche Geschichte deines Sieges über den Tod zu glauben. Hilf mir, in deinem Frieden zu leben. Und hilf mir, ohne Angst zu leben.

TAG 28

MEIN KLEINES LICHT

Da ging Jesus auf seine Jünger zu und sprach: „Ich habe von Gott alle Macht im Himmel und auf der Erde erhalten. Deshalb geht hinaus in die ganze Welt und ruft alle Menschen dazu auf, meine Jünger zu werden! Tauft sie auf den Namen des Vaters, des Sohnes und des Heiligen Geistes! Lehrt sie, alles zu befolgen, was ich euch aufgetragen habe. Ihr dürft sicher sein: Ich bin immer bei euch, bis das Ende dieser Welt gekommen ist" (Matthäus 28,18–20).

In Lukas lesen wir: „Diesen Männern hat er sich auch nach seinem Leiden und Sterben gezeigt und damit bewiesen, dass er tatsächlich auferstanden ist. Vierzig Tage lang sahen sie ihn, und er sprach mit ihnen über das Reich Gottes" (Apostelgeschichte 1,3). Am Ende dieser vierzig Tage gab Jesus ihnen den „Missionsbefehl", wie Christen diese Worte nennen.

In allen vier Evangelien und auch in der Apostelgeschichte begegnen wir diesem Missionsbefehl in der einen oder anderen Formulierung. Die fünf Berichte haben viel gemeinsam. Die Gemeinde weiß, dass diese Worte nicht nur an die ersten Apostel gerichtet waren, sondern für Christen aller Zeiten und auf der ganzen Welt gelten.

Jede Version des Missionsbefehls ist anders. Ich will versuchen, die wesentlichen Elemente aufzuzeigen:

> Jesus sagte zu den Jüngern: „Ich werde den Heiligen Geist zu euch herabsenden, den mein Vater euch versprochen hat. Jetzt hört zu: Wie mich der Vater in diese Welt gesandt hat, so sende ich euch in diese Welt. Geht hinaus in die ganze Welt und verkündet allen Menschen die rettende Botschaft. Wer glaubt und sich taufen lässt, der wird gerettet werden. Und ruft alle zur Buße auf, verändert ihre Herzen und Leben. Gewährt ihnen Vergebung und tauft sie. Helft ihnen, meine Jünger zu werden, und lehrt sie, alles zu befolgen, was ich euch aufgetragen habe. Ihr dürft sicher sein: Ich bin immer bei euch, bis das Ende dieser Welt gekommen ist!"*

Folgendes sollten Sie für heute mitnehmen: Jesus hat Sie berufen, sein Wort in die Welt zu tragen. Gott hat Jesus als das Licht in die Welt gesandt. Jesus hat seinen Jüngern den Auftrag gegeben, sein Licht leuchten zu lassen, in seinem Licht zu wandeln, sein Licht zu leben und es weiterzugeben. Wenn wir sein Licht in die Welt tragen, drängen wir die Dunkelheit zurück.

Jedes Jahr zu Weihnachten setzen wir in unseren Kerzenlicht-Gottesdiensten diese Idee um. Vielleicht kennen auch Sie solche oder ähnliche Rituale. Jeder Gottesdienstbesucher bekommt bei seinem Eintreffen eine Kerze in die Hand. Gegen Ende des Gottesdienstes schalten wir alle Lichter aus, löschen auch die Kerzen auf dem Altar und machen uns bewusst, wie dunkel die Welt manchmal sein kann, und dass Jesus in Bethlehem als Baby in die Dunkelheit unserer Welt gekommen ist. Dann trägt

---

* Johannes 20,21–23; Lukas 24,44–49; Apostelgeschichte 1,8; Markus 16,15–16 und Matthäus 28,18–20.

eine Person oder eine Familie eine kleine brennende Kerze in den Gemeinderaum als Sinnbild für die Geburt Christi – ein kleines Licht kommt in die Welt. Mit dieser Kerze zünden wir die „Christuskerze" auf dem Altar an.

Ich erinnere die Gemeinde daran, dass Jesus zu einem Mann heranwuchs, der nicht nur gesagt hat: „Ich bin das Licht der Welt", sondern der auch seinen Jüngern aufgetragen hat, ein Licht für die Welt zu sein. Wir hören auf seine Worte: „Also lasst euer Licht leuchten vor den Menschen, dass sie eure guten Werke sehen und euern Vater im Himmel preisen." Mit diesen Worten zünde ich meine Kerze an und die Kerzen anderer, die wiederum die Kerzen anderer anzünden, bis alle Kerzen brennen. Wenn alle Kerzen brennen, halten wir sie in die Höhe – und der ganze Raum wird hell.

So wollte Gott die Welt wieder in Ordnung bringen. Er sandte Licht in die Welt und zu den Menschen. Das ist auch unser Auftrag.

Im vergangenen Jahr kam Bobbi Jo nach dem Weihnachtsgottesdienst auf mich zu. Bobbi Jo war drogenabhängig gewesen und hatte ihren Körper verkauft, um das Geld für ihre Sucht zu beschaffen. Irgendwann gab jemand das Licht Christi an sie weiter. Eine radikale Wende vollzog sich in ihrem Leben. Schließlich kaufte sie von dem Erbe, das ihr Vater ihr hinterlassen hatte, ein leer stehendes Pflegeheim in einer der übelsten Gegenden von Kansas City. Sie renovierte das Gebäude und eröffnete ein Heim für Frauen, die von ihrer Abhängigkeit frei werden wollten oder gerade aus dem Gefängnis kamen, um ihnen die Chance auf ein neues Leben zu geben.

Aus dem einen Haus wurden schließlich mehrere Dutzend Häuser. Eine einzige Person hat das Licht weitergegeben, und mehrere hundert kamen ins Licht. In diesem Jahr sammelten Bewohnerinnen dieser Heime Geld und packten Rucksäcke für obdachlose Menschen mit Handschuhen, Mützen, Lebensmitteln und anderen nützlichen Dingen, die die Obdachlosen brauchen. Sie brachten diese Rucksäcke unter die Brücken und dorthin, wo viele dieser Bewohnerinnen früher selbst gelebt hatten. Bobbi Jo beschrieb mir, welche Freude sie erleben konnten, als sie das Licht Christi in die Welt trugen.

Das ist Ihr Auftrag, und auch meiner. Wie werden Sie heute Jesu Licht leuchten lassen? Wie werden Sie heute in seinem Licht leben und sein Licht weitergeben?

Jeden Morgen nach dem Aufwachen knie ich an meinem Bett nieder und bete. Ich danke Gott für den Tag, bete für meine Familie und andere Personen auf meiner Gebetsliste und dann lege ich meine Hände mit der Handfläche nach oben vor mich und spreche das Gebet, das jetzt folgt.

Möchten Sie es heute mit mir beten?

Herr, lass mich heute in deinem Auftrag unterwegs sein. Hilf mir, in deinem Licht zu leben, dein Licht leuchten zu lassen und es an andere weiterzugeben, damit die Dunkelheit in unserer Welt zurückgedrängt wird. Gebrauche mich heute und lass mich tun, was ich nach deinem Willen tun soll. In Jesu Namen. Amen.

TAG 29

PFINGSTEN

Zum Beginn des jüdischen Pfingstfestes waren alle Jünger wieder beieinander. Plötzlich kam vom Himmel her ein Brausen wie von einem gewaltigen Sturm und erfüllte das ganze Haus, in dem sie sich versammelt hatten. Zugleich sahen sie etwas wie züngelndes Feuer, das sich auf jedem einzelnen von ihnen niederließ. So wurden sie alle mit dem Heiligen Geist erfüllt, und sie redeten in anderen Sprachen; denn der Geist hatte ihnen diese Fähigkeit gegeben (Apostelgeschichte 2,1–4).

In der Apostelgeschichte berichtet Lukas, dass Jesus, bevor er in den Himmel auffuhr, versprochen hat, den Heiligen Geist zu senden, der den Jüngern die Kraft geben würde, Christus zu bezeugen in „Jerusalem und Judäa, in Samaria und auf der ganzen Erde" – mit anderen Worten, *überall* würden sie Zeugen Christi sein. Nachdem Jesus in den Himmel aufgefahren war, warteten die Jünger, mittlerweile einhundertzwanzig Leute, in Jerusalem auf das Kommen des Geistes.

Etwa fünfzig Tage nach Ostern wurde das jüdische Pfingstfest (auch Wochenfest oder *Schawuot* genannt) begangen, um die Frühlingsweizenernte zu feiern und des Tages zu gedenken, an dem das Volk Israel auf dem Berg Sinai die Zehn Gebote bekommen hatte. An diesem Tag, an dem sich die Anhänger Jesu zum Gebet trafen, kam der Geist auf sie. Es war wie das Brausen eines gewaltigen Sturms und ein züngelndes Feuer. Sie wurden mit der Kraft erfüllt, die Christus ihnen versprochen hatte, und bekamen die übernatürliche Fähigkeit geschenkt, in Sprachen zu sprechen, die sie vorher nicht kannten. Voller Begeisterung eilten sie auf die Straßen und „verkündigten das mächtige Wirken Gottes“ in den Sprachen der Juden aus aller Welt, die in Jerusalem zusammengekommen waren.

Wenn die Evangelien die gute Nachricht von Jesus weitergeben, dann ist die Apostelgeschichte die gute Nachricht vom Heiligen Geist. Wenn wir Christen vom Heiligen Geist sprechen, meinen wir Gottes Gegenwart bei und in uns. Auf der einen Seite ist der Geist eine Macht, die in und durch uns wirkt, um Christi Missionsbefehl zu erfüllen. Aber der Geist ist nicht nur eine unpersönliche Macht. Jesus beschreibt den Geist als den *parakletos*. Dieses griechische Wort bedeutet: „Einer, der an deine Seite kommt“. Er beschreibt ihn als einen Helfer, einen Gefährten, einen Fürsprecher oder auch Tröster. Und der Geist ist nicht nur irgendein Geist, sondern Gottes Geist, Gottes Gegenwart, die in uns wirkt.

Der Heilige Geist zieht uns zu Gott, führt uns auf dem Weg der Nachfolge Christi, beschenkt uns mit Gaben und rüstet uns aus mit Mut. Der Geist gibt Anstöße und drängt uns, jeden Tag den Willen Gottes tun zu wollen. Wenn es uns gelingen soll, ohne Angst zu leben, muss der Heilige Geist einen wichtigen Stellenwert in unserem Leben einnehmen. Der Geist erfüllte Petrus und die anderen Jünger, die sich aus Angst vor Verfolgung versteckt hatten, mit dem Mut, ihren Glauben auf die Straßen zu tragen.

Ich möchte ein geisterfülltes, geistbevollmächtigtes und geistgeführtes Leben führen. Jeden Morgen bitte ich den Heiligen Geist, mich zu erfüllen, mich zu gestalten und zu leiten.

Während des Tages bemühe ich mich, auf die Führung und das Drängen des Geistes zu achten. Und wenn ich das tue, finde ich mich auf einmal mitten in einem Gespräch wieder, in dem ich den Eindruck habe, dass Gott mich gebrauchen möchte. Oder ich erlebe einen Moment, in dem ich genau weiß, dass Gott mich in diese Situation hineingestellt hat. Wichtig ist, dass wir offen sind für den Geist und auf ihn achten.

Vor einiger Zeit, als ich den letzten von fünf Gottesdiensten am Wochenende zu Ende gebracht hatte, habe ich so etwas erlebt. Ich war erschöpft und wollte schnell nach Hause fahren, wo meine Frau LaVon mit dem Abendessen wartete. Doch als ich den Gottesdienstraum durchquerte, um meinen Mantel und die Schlüssel zu holen, hörte ich ein Flüstern – einen kleinen Anstoß des Geistes: „Dreh dich um."

Ich blieb stehen, drehte mich um und bemerkte eine Frau, die allein unter der Empore saß. Sie war eine der wenigen Menschen, die sich noch im Gottesdienstraum befanden. Von meinem Platz aus sah es so aus, als telefonierte sie, darum drehte ich mich wieder um und ging weiter. Doch dann spürte ich wieder einen Anstoß, und dieses Mal sagte der Geist: „Geh zurück und sieh nach ihr." Wenn ich solche Anstöße bekomme, dann reagiere ich darauf, das habe ich im Laufe der Zeit gelernt.

Als ich auf die Frau zuging, fiel mir auf, dass sie betete. Und sie hatte geweint. Ich setzte mich neben sie und fragte sie sanft: „Möchten Sie reden?" Sie öffnete die Augen und war erstaunt, mich neben sich sitzen zu sehen, aber sie schüttelte den Kopf. Ich fragte: „Wäre es in Ordnung, wenn ich für sie bete?" Sie nickte. Ich ergriff ihre Hand.

Ich wusste nicht so recht, wofür ich beten sollte, aber ich konnte mich darauf verlassen, dass Gott es wusste. Als ich fertig war, hatte ich das Gefühl, ich sollte ihr erklären, warum ich mich neben sie gesetzt hatte.

„Ich war auf dem Weg zum Ausgang. Doch dann drängte mich der Geist, mich umzudrehen. Und da habe ich Sie gesehen", erzählte ich. „Gott wollte, dass ich zurückgehe und nach Ihnen schaue. Ist es möglich, dass er mich zu Ihnen geschickt hat, um Sie wissen zu lassen, dass er Sie sieht, Sie liebt und bei Ihnen ist in dem, was Sie gerade durchmachen, was immer es ist?"

Sie wollte nicht reden, aber auch sie spürte, dass unser kurzes Gespräch ein Zeichen der Fürsorge Gottes war, das merkte ich. Solche Dinge erleben wir, wenn wir auf die Führung des Geistes achten.

Während ich diese Andachten schrieb, habe ich gebetet, der Heilige Geist möge mich gebrauchen, um Ihnen Mut zuzusprechen. Und ich glaube, dass der Geist auch Sie gebrauchen möchte, wenn Sie aufmerksam sind. Haben Sie den Heiligen Geist gebeten, Sie heute zu erfüllen, in Ihnen zu wirken, Sie zu befähigen und zu gebrauchen? Tun Sie das doch gleich jetzt.

Komm, Heiliger Geist. Erfülle mich mit deiner Gegenwart und deiner Kraft. Schenke mir Mut und Tapferkeit und hilf mir, ohne Angst zu leben. Bitte führe mich, gestalte und forme mich. Hilf mir, auf deine Anstöße zu achten, damit ich dein Werk tun kann.

TAG 30

IN JEDER SITUATION

Ich bin öfter im Gefängnis gewesen und häufiger ausgepeitscht worden. Viele Male hatte ich den Tod vor Augen. Fünfmal habe ich von den Juden die neununddreißig Schläge erhalten. Dreimal wurde ich von den Römern mit Stöcken geschlagen, und einmal hat man mich gesteinigt. Dreimal habe ich Schiffbruch erlitten; einmal trieb ich sogar einen Tag und eine ganze Nacht hilflos auf dem Meer. Auf meinen vielen Reisen bin ich immer wieder in Gefahr geraten durch reißende Flüsse und durch Räuber. Ich wurde von meinem eigenen Volk bedroht ebenso wie von den Nichtjuden. In den Städten wurde ich verfolgt, in der Wüste und auf dem Meer bangte ich um mein Leben. Und wie oft wollten mich Leute verraten, die sich als Christen ausgaben! Mein Leben war voller Mühe und Plage, oftmals habe ich Nächte durchwacht. Ich kenne Hunger und Durst. Ich musste häufig ohne Essen auskommen und war schutzlos der Kälte ausgesetzt (2. Korinther 11,23c–27).

Nach dem Pfingsttag und nachdem sie den Geist empfangen hatten, verbreiteten die Jünger die gute Nachricht von Jesus auch weiter auf den Straßen und im Tempel. Tausende kamen zu der Überzeugung, dass Jesus tatsächlich der Messias Gottes war.

Dies blieb von den religiösen Führern, genau den Männern, die Jesus nur wenige Monate zuvor zum Tod verurteilt hatte, nicht unbemerkt. Die Jünger wurden vor sie gebracht, und sie befahlen ihnen, mit dem, was sie taten, aufzuhören. Sie wurden sogar geschlagen, damit sie nicht mehr von Jesus predigten. Aber die Jünger ließen sich nicht zum Schweigen bringen.

Ein junger und ambitionierter Pharisäer mit Namen Saulus (sein griechischer Name war Paulus) meldete sich freiwillig, um diese Anhänger Jesu mundtot zu machen. Er verhaftete sie, warf sie ins Gefängnis, und ließ sie wegen des Verbrechens der Gotteslästerung sogar steinigen. Doch schon bald erlebte Saulus selbst eine einschneidende Bekehrung und begann an Jesus zu glauben (siehe Apostelgeschichte 9,1–31).

In etwa 60 Prozent der Texte der Apostelgeschichte wird von Paulus' Dienst berichtet. Er reiste durch das ganze Römische Weltreich und brachte das Evangelium zu den Menschen, die nicht dem jüdischen Glauben angehörten. Immer wieder wurde er verhaftet, geschlagen, ins Gefängnis geworfen, er erlitt Schiffbruch und wurde am Ende wegen seines Glaubens enthauptet. In diesen Versen aus dem zweiten Korintherbrief berichtet Paulus von seinen Erlebnissen während seines Dienstes.

Wenn jemand Grund gehabt hätte, aufzugeben, dann wäre es Paulus gewesen. Er ist das beste Beispiel dafür, dass „ohne Angst zu leben" bedeutet, das Leben zu führen, das Gott für uns vorgesehen hat – trotz unserer Ängste, nicht weil wir überhaupt keine Angst hätten.

In Apostelgeschichte 16 verkündigten Paulus und sein Freund Silas die gute Nachricht von Jesus in der Stadt Philippi, im heutigen Griechenland, als sie von den Behörden verhaftet wurden, weil sie Sitten predigten, die „die Römer nicht akzeptieren oder praktizieren können". Sie wurden mit Ruten geschlagen und dann in die innerste Zelle des Stadtgefängnisses geworfen. Wir hätten Verständnis dafür, wenn Paulus und Silas in jener Nacht in ihrer Zelle mit Gott gehadert und sich gefragt hätten, warum er zuließ, dass sie so leiden mussten, wo sie doch nur Gottes Werk tun wollten. Aber so war es nicht. Vielmehr wird uns in der Apostelgeschichte berichtet, dass sie Gott lobten und Lieder sangen. Und während sie noch sangen, erschütterte ein Erdbeben die Stadt, die Gefängnistüren flogen auf, und ihre Fesseln fielen ab.

Mehrere Jahre später schrieb Paulus einen Brief an die Gläubigen in Philippi, dieses Mal aus einer anderen Gefängniszelle, in der er auf seine mögliche Hinrichtung wartete. Von dort schrieb Paulus die folgenden Worte an die Christen in Philippi:

> Macht euch keine Sorgen! Ihr dürft Gott um alles bitten. Sagt ihm, was euch fehlt, und dankt ihm. Gott wird euch seinen Frieden schenken, den Frieden, der all unser Verstehen, all unsere Vernunft übersteigt, der unsere Herzen und Gedanken im Glauben an Jesus Christus bewahrt (Philipper 4,6–7).

Welchen Rat gibt uns Paulus, wie wir ohne Angst leben können? Er rät uns, ohne Unterlass zu beten, unsere Sorgen vor Gott auszubreiten und ihm in jeder Situation Dank zu sagen.

Wenn ich lese, wie Paulus Widrigkeiten begegnet ist, denke ich an eine Frau mit Namen Nancy Brown. Ich hatte die Ehre, fast achtundzwanzig Jahre lang Nancys Pastor zu sein, und sie hat mich in vielerlei Hinsicht beeindruckt. Sie hatte es sich zur Aufgabe gemacht, sich für Menschen einzusetzen, die in extremer Armut leben – und Menschen dafür zu gewinnen, sich für das Gute einzusetzen und die nötigen Mittel bereitzustellen. Zusammen mit ihr und unserem Missionsteam habe ich viele Länder der Welt bereist.

In diesem Jahr kehrte Nancys Krebserkrankung zurück. Trotzdem reiste sie mit zehn Frauen zusammen nach Sambia, wo sie wegen ihres Einsatzes für die Waisenkinder „Mama Nancy" genannt wird. Sie hat sich dafür eingesetzt, dass dort Fischteiche angelegt, eine Schule gebaut und eine Schulspeisung eingeführt wurden. Und auch an anderen Orten in Entwicklungsländern hat sie ein bleibendes Vermächtnis hinterlassen und Menschen in ihren schlimmen Lebensumständen Hoffnung gebracht. In ihrem Weihnachtsbrief schrieb sie, ähnlich wie Paulus: „Es war kein leichtes Jahr, aber es war ein Jahr der Dankbarkeit."

Vertrauen Sie Ihr Leben Christus an, trotz der beängstigenden Situationen in Ihrem Leben, und sagen Sie, so oft es möglich ist, Dank für das Gute, das Sie erleben. Das war für Paulus sehr wichtig, um Frieden zu finden.

Herr, du kennst meine Ängste und die Situationen in meinem Leben, die mir Angst machen. Ich vertraue sie und mein ganzes Leben dir an. Ich danke dir für all das Gute in meinem Leben. Höre mich jetzt, wenn ich sie dir aufzähle, und während ich das tue, schenke mir den Frieden, der alles Denken übersteigt ...

TAG 31

WIE DIE GESCHICHTE ENDET

Dann sah ich einen neuen Himmel und eine neue Erde. Denn der vorige Himmel und die vorige Erde waren vergangen, und auch das Meer war nicht mehr da.

Ich sah, wie die Heilige Stadt, das neue Jerusalem, von Gott aus dem Himmel herabkam: festlich geschmückt wie eine Braut für ihren Bräutigam.

Eine gewaltige Stimme hörte ich vom Thron her rufen: „Hier wird Gott mitten unter den Menschen sein! Er wird bei ihnen wohnen, und sie werden sein Volk sein. Ja, von nun an wird Gott selbst in ihrer Mitte leben. Er wird ihnen alle Tränen abwischen. Es wird keinen Tod mehr geben, kein Leid, keine Klage und keine Schmerzen; denn was einmal war, ist für immer vorbei“ (Offenbarung 21,1–4).

Das Buch der Offenbarung ist eines der Bücher in der Bibel, die ganz oft missverstanden und missbraucht werden. Einige der frühen Christen zählten sie nicht zu den apostolischen Büchern. Selbst Luther hatte Fragen zu diesem Buch.

Oft wird die Offenbarung als Fahrplan für die Endzeit missverstanden, was angesichts der Art, wie sie geschrieben ist, durchaus verständlich ist. Einige Ausleger suchen in den Nachrichten nach Ereignissen, die sich auf die seltsamen Visionen übertragen lassen, die der Verfasser der Offenbarung beschreibt. In der Geschichte hat es immer wieder Menschen gegeben, die in der Offenbarung die Ereignisse ihrer eigenen Zeit erkannten und darum überzeugt waren, in der Endzeit zu leben. Als Christus dann doch nicht wiederkehrte, um dem Bösen in der Welt ein Ende zu setzen, war die Enttäuschung groß.

Es ist besser, so die Meinung vieler, die Offenbarung zu sehen als das, was sie ist: Als ein Brief an die sieben Gemeinden in Kleinasien (der heutigen Türkei), der in einem für die damalige Zeit gängigen literarischen Stil verfasst worden war, einem Stil, der typischerweise „apokalyptisch" genannt wird.

Sein Ziel war es nicht, uns die Ereignisse des einundzwanzigsten Jahrhunderts vorherzusagen, sondern die Ereignisse des späten ersten Jahrhunderts in einer bildhaften Sprache zu beschreiben – und durch diese Sprache den frühen Christen Mut zuzusprechen, fest zu bleiben in ihrem Glauben.

In der Offenbarung wird das Römische Reich als Hure dargestellt, die auf einem siebenköpfigen Ungeheuer sitzt (Rom ist „die Stadt auf sieben Hügeln"). Aber am Ende wird es zerstört. Darum, so werden die Leser der Offenbarung aufgefordert, bleibt standhaft und gebt ihren Versuchungen nicht nach, und lasst euren Mut nicht sinken angesichts ihrer Feindschaft. Das Ungeheuer und die Frau, die darauf sitzt, werden vernichtet werden, und diejenigen, die bis zum Ende an ihrem Glauben festhalten, werden errettet werden.

Diese Botschaft ist gültig für jedes Zeitalter, nicht als Fahrplan der Endzeit, sondern als eine Botschaft der Ermutigung zur Treue, egal was passiert. Sie erinnert uns, dass jedes Reich, jedes Weltreich und jedes Volk am Ende fallen wird, nur das Reich Gottes nicht. Und diejenigen, die wegen ihres Glaubens leiden, werden einen besonderen Ehrenplatz in diesem Reich bekommen. Die Botschaft des Buches wird sehr eindrücklich in Offenbarung 11,15 zusammengefasst. Dieser Vers wird durch Händels

Musik im großen „Halleluja" ganz besonders eindrucksvoll: *Von jetzt an gehört die Herrschaft über die Welt unserem Gott und seinem Sohn Jesus Christus. Sie werden für immer und ewig herrschen.*

Meine Frau LaVon hat eine interessante Art, einen Roman zu lesen. Sie vertieft sich in die ersten Seiten, bis sie einen Überblick über die Geschichte und die handelnden Personen hat, und dann schlägt sie die letzten Seiten auf. „Warum machst du das?", fragte ich sie einmal. „Das ist wirklich eine seltsame Art, ein Buch zu lesen." Sie lächelte und erwiderte: „Ich muss wissen, wie es endet, damit ich vorbereitet bin. Ich möchte wissen, ob es ein gutes oder ein trauriges Ende hat, und wenn ich weiß, wie es am Ende ausgeht, dann ist die Spannung während des Lesens nicht mehr so groß."

Das beschreibt sehr gut, welchen Stellenwert die Offenbarung in der Bibel und für uns Christen hat. Wir lesen in diesem Buch voller rätselhafter Bilder, um uns bewusst zu machen, wie die Geschichte endet. Dort erfahren wir, dass Christus die Mächte des Bösen besiegt hat, auch den Tod. Wir sehen das Paradies, das auf den ersten Seiten der Bibel verloren gegangen war, am Ende wieder hergestellt und können uns freuen, dass Gott *„mitten unter den Menschen sein"* wird! *„Er wird bei ihnen wohnen, und sie werden sein Volk sein. Ja, von nun an wird Gott selbst in ihrer Mitte leben. Er wird ihnen alle Tränen abwischen. Es wird keinen Tod mehr geben, kein Leid, keine Klage und keine Schmerzen; denn was einmal war, ist für immer vorbei."* Ich liebe dieses wundervolle Bild. Das ist, was auf uns wartet. Wie LaVon schlagen wir das Ende der Bibel auf und erfahren, dass unser Morgen, unsere Geschichte als Menschen, gut endet, egal was passiert. Sie endet mit Freude und Hoffnung, Trost und Frieden.

Ich werde häufig gefragt, wie es im Himmel wohl sein wird. Erstaunlicherweise erfahren wir in der Bibel nur sehr wenig darüber. Aber an mehreren Stellen wird uns gesagt, dass es dort wie bei einem Hochzeitsbankett oder einem großen Fest sein wird. In Psalm 23 lesen wir, dass Gott uns einen Tisch bereiten wird. In Jesaja 25 wird der Höhepunkt der Geschichte als ein „Festmahl mit herrlichem Wein" beschrieben. Jesus sagte: „Wenn Gott seine Königsherrschaft aufrichtet, ist das wie bei dem König, der für seinen Sohn ein großes Hochzeitsfest vorbereitete." In der Offenbarung ruft, als das Ende der Welt naht, eine große Menge: „Wir wollen uns darüber freuen, jubeln und Gott ehren. Jetzt ist der große Hochzeitstag des Lammes gekommen."

Dieses Bild vom Himmel als einem Hochzeitsbankett wurde sehr eindrücklich für mich, als unsere älteste Tochter heiratete. Wir hatten die Freude, einen Hochzeitsempfang für sie und ihren Mann ausrichten zu dürfen. Nach der Trauung kamen Freunde und Angehörige im Festsaal zusammen, wo wir miteinander aßen, auf das Brautpaar anstießen, fröhlich miteinander lachten und tanzten. Nachdem spät in der Nacht der letzte Gast gegangen war, sanken LaVon und ich erschöpft auf unser Bett. Sie drehte sich zu mir und sagte: „Das war einer der schönsten Abende meines Lebens."

So wird in der Bibel der Himmel beschrieben – als ein Hochzeitsfest. Darum leben wir mit Hoffnung, egal wie beängstigend, dunkel oder entmutigend die Welt erscheinen mag. Wir haben das Ende des Buches gelesen, und wir wissen, wie die Geschichte ausgeht – mit einem Tanz, einem Fest und an einem Ort, wo die Dunkelheit für immer bezwungen ist. Halleluja! Amen!

Herr, hilf mir, dir zu vertrauen, daran zu glauben, dass das Böse am Ende besiegt ist und Liebe, Licht und Leben herrschen werden. Ich freue mich auf diesen Tag, an dem es kein Leid, keine Tränen und keinen Schmerz mehr geben wird, wo alles neu geschaffen ist. Aber hilf mir in der Zwischenzeit, mein Leben im Glauben zu führen, mit Zuversicht und Hoffnung auf deine unerschütterliche Liebe. Ich vertraue dir mein Leben an. In Jesu Namen und um seinetwillen. Amen.

ZUM AUTOR

Adam Hamilton, Jahrgang 1964, ist Hauptpastor der *United Methodist Church of the Resurrection*, einer Evangelisch-methodistischen Kirche in Leawood, Kansas. Diese wachsende Gemeinde – die landesweit größte methodistische Gemeinde – gilt als eine der einflussreichsten Kirchen in den USA.

Adam Hamilton setzt sich für Versöhnung und eine Erneuerung der Kirche ein und ist Bestsellerautor von über fünfundzwanzig Büchern. Er wurde bereits mehrfach ausgezeichnet, unter anderem mit zwei Ehrendoktortiteln.

Er war Redner beim *Leadership Summit* der *Willow Creek Community Church* in Chicago und predigte im *National Prayer Service* zu Beginn der zweiten Amtszeit von US-Präsident Barack Obama.

Adam Hamilton ist seit 30 Jahren verheiratet mit LaVon, die beiden haben zwei erwachsene Töchter und leben in Leawood in Kansas.

www.cor.org
www.adamhamilton.com

GEMEINSAM MIT DEM VORLIEGENDEN BUCH ARBEITEN

Praktische Anregungen, wie Sie dieses inspirierende und Mut machende Buch in Kirchen, Gemeinden und darüber hinaus nutzen können, finden Sie online auf *http://gegendieangst.net*!

Verschiedene Pilotprojekte stellen hier kostenlos Konzepte und Materialien zur Verfügung:

- Material für Werbung, Einladung und Grafik;
- Kleingruppen-Arbeitshefte für Erwachsene, Jugendliche und Kinder;
- Gottesdienst- und Predigtentwürfe;
- Impulse zur persönlichen Vertiefung sowie
- weitere Ideen zur Umsetzung auf Gruppen- und Gemeindeebene.

MEHR VON ADAM HAMILTON

__24 Stunden__ – Der Tag, der die Welt veränderte

Aus dem amerikanischen Englisch von Antje Balters
159 Seiten, gebunden, ISBN 978-3-86256-049-3
E-Book: ISBN 978-3-86256-747-8
Neufeld Verlag, 2. Auflage 2015

Kein einziger Tag in der Geschichte der Menschheit hat mehr Aufsehen erregt als das Leiden und die Kreuzigung von Jesus von Nazareth. Adam Hamilton schildert dessen dramatische letzte 24 Stunden so kraftvoll, dass man sich beim Lesen mit den Protagonisten dieses Geschehens identifiziert.

__24 Stunden__ – Der Tag, der die Welt veränderte
Impulse für 40 Tage

Aus dem amerikanischen Englisch von Antje Balters
78 Seiten, geheftet, ISBN 978-3-86256-050-9
E-Book: ISBN 978-3-86256-756-0
Neufeld Verlag, 2. Auflage 2015

Das Begleitheft zur persönlichen Vertiefung sowie für 40-Tage-Kampagnen.

Material und praktische Anregungen für 40-Tage-Aktionen für Gemeinden auf *www.24Stunden.net*!

WEITERE BÜCHER AUS DEM NEUFELD VERLAG

Timothy J. Geddert, ***Verantwortlich leben*** – *Wenn Christen sich entscheiden müssen.* ISBN 978-3-937896-49-6, 5. Auflage 2019

Jayson Georges, ***Mit anderen Augen*** – *Perspektiven des Evangeliums für Scham-, Schuld- und Angstkulturen.* ISBN 978-3-86256-090-5, 2. Auflage 2019

Stefan Jung, ***Was Gott daraus macht*** – *Vertrauen lernen mit Josef.* ISBN 978-3-86256-064-6, 2015

John Paul Lederach, ***Vom Konflikt zur Versöhnung.*** *Kühn träumen – pragmatisch handeln.* ISBN 978-3-86256-068-4, 2016

Ulrich Müller, ***Heimat finden*** – *Impulse aus dem Buch Rut.* ISBN 978-3-86256-086-8, 2018

Bernhard Ott, ***Tänzer und Stolperer*** – *Wenn die Bergpredigt unseren Charakter formt.* ISBN 978-3-86256-156-8, 2019

Daniel Plessing, ***Leichter leben ohne Sorgen.*** ISBN 978-3-86256-088-2, 2018

Heinrich Christian Rust, ***Heilen, trösten, begleiten*** – *Die Heilungskompetenz der christlichen Gemeinde.* ISBN 978-3-86256-151-3, 2019

Gary L. Thomas, ***Die Kraft der unscheinbaren Kleinigkeiten*** – *Vom Abenteuer, Jesus ähnlich zu werden.* ISBN 978-3-86256-028-8, 2012

Dallas Willard, ***Jünger wird man unterwegs*** – *Jesus-Nachfolge als Lebensstil.* ISBN 978-3-86256-008-0, 5. Auflage 2018

NEUFELD VERLAG

*Der **Neufeld Verlag** ist ein unabhängiger, inhabergeführter Verlag mit einem ambitionierten Programm. Wir möchten bewegen, inspirieren und unterhalten.*

Stellen Sie sich eine Welt vor, in der jeder willkommen ist!

Das wär's, oder? Am Ende sehnen wir alle uns danach, willkommen zu sein. Die gute Nachricht: Bei Gott bin ich willkommen. Und zwar so, wie ich bin. Die Bibel birgt zahlreiche Geschichten und Bilder darüber, dass Gott uns mit offenen Armen erwartet. Und dass er nur Gutes mit uns im Sinn hat.

Als Verlag möchten wir dazu beitragen, dass Menschen genau das erleben: *Bei Gott bin ich willkommen.*

Unser Slogan hat noch eine zweite Bedeutung: Wir haben ein Faible für außergewöhnliche Menschen, für Menschen mit Handicap. Denn wir erleben, dass sie unser Leben, unsere Gesellschaft bereichern. Dass sie uns etwas zu sagen und zu geben haben.

Deswegen setzen wir uns dafür ein, Menschen mit Behinderung willkommen zu heißen.